Friedhelm von Blumhaagen

Neue Italienische Grammatik

KOMPAKT

dnf-Verlag

Neue Italienische Grammatik *KOMPAKT*

von
Friedhelm von Blumhaagen

unter Mitarbeit von
Michele Gialdroni

unter der Leitung
der Verlagsredaktion Sprachen, dnf-Verlag DAS NEUE FACHBUCH GmbH.

ISBN 3-931104-65-6

1. Auflage 10 I 98

Gestaltung und Gesamtherstellung: Studio Maurus, Germany.

Inhaltsverzeichnis

Inhaltsverzeichnis

DAS ADVERB

DAS ZAHLWORT

DAS PRONOMEN

DIE PRÄPOSITION

DER SATZ

Abkürzungen

afferm.	affermativo
best. Artikel	bestimmter Artikel
bzw.	beziehungsweise
Cond.	condizionale
Cong.	congiuntivo
cong. pres.	congiuntivo presente
d. h.	das heißt
Dem. pron.	Demonstrativpronomen
dir. Objekt	direktes Objekt
dir. Obj.pron.	direktes Objektpronomen
etc.	etcetera
etw.	etwas
F. A.	futuro anteriore
F. S.	futuro semplice
fem.	feminin
Ger.	gerundio
Gen.	Genus
Imp.	Imperativ, imperativo
Imperf.	imperfetto
Ind.	Indikativ, indicativo
indir. Objekt	indirektes Objekt
indir. Obj.pron.	indirektes Objektpronomen
Inf.	Infinitiv, infinito
Int. pron.	Interrogativpronomen
jm.	jemandem
jn.	jemanden
Kon.	Konsonant
mask.	maskulin
Mod.	Modus, modo
negat.	negativo
neutr.	neutrum
Nu.	Numerus
Obj. pron.	Objektpronomen
Objektpron.	Objektpronomen
P. P.	passato prossimo
P. R.	passato remoto
P. Pass.	participio passato
P. Pres.	participio presente
Part.	Partizip, participio
Part. Pres.	participio presente
Part. Pass.	participio passato
Pass.	passato
Pers.	Person
Plur.	Plural
Pres.	presente
Pron. adv.	Pronominaladverb
qc	qualcosa
qn	qualcuno
Rel. pron.	Relativpronomen
Sg.	Singular
Sing.	Singular
Subjektpron.	Subjektpronomen
T. P.	trapassato prossimo
T. R.	trapassato remoto
Tra.	trapassato
unbest. Artikel	unbestimmter Artikel
VG	Verbgruppe
z. B.	zum Beispiel

Das Alphabet (L'alfabeto)

Buchstabe	Aussprache	Buchstabe	Aussprache
a	[a]	**n**	[ɛnne]
b	[bi]	**o**	[o]
c	[tʃi]	**p**	[pi]
d	[di]	**q**	[ku]
e	[e]	**r**	[ɛrre]
f	[ɛffe]	**s**	[ɛsse]
g	[dʒi]	**t**	[ti]
h	[akka]	**u**	[u]
i	[i]	**v**	[vu]
j	[i luŋga]	**w**	[vu doppia]
k	[kappa]	**x**	[iks]
l	[ɛlle]	**y**	[ipsilon]
m	[ɛmme]	**z**	[dzɛta]

Die oben verwendeten Zeichen der internationalen Lautschrift werden wie folgt ausgesprochen:
[ʃ] stimmloses (scharfes) -sch,
[ɛ] offenes -e,
[ʒ] stimmhaftes (weiches) -sch,
[ŋ] Verschmelzung von -n und -g (wie zum Beispiel in *lang*).

Die Konjugation (La coniugazione)

Konjugation (Beugung) bedeutet Abwandlung des Infinitivs des Verbs (z. B. **amare**) bezüglich Person und Zeit, d. h. der Verbstamm (z. B. **am**) wird nicht verändert, die Verbendung wird bezüglich der jeweiligen Person und Zeit entsprechend abgewandelt. Der Verbstamm wird ermittelt, indem man die zu einer Hauptgruppe gehörende Endung vom vollständigen Infinitiv abtrennt. Die Personalpronomen werden meist weggelassen, sie dienen nur der Hervorhebung.

	Stamm	Endung (im presente)
(io)	am	**o**
(tu)	am	**i**
(egli/ella)	am	**a**
(noi)	am	**iamo**
(voi)	am	**ate**
(essi/esse)	am	**ano**

Die Verben lassen sich in die Hauptgruppen von **avere** und **essere**,
der Verben auf **-ARE**,
der Verben auf **-ERE** und
der Verben auf **-IRE**
einteilen.

Die Konjugation der einzelnen Hauptgruppen ist im Folgenden anhand jeweils eines Beispielverbs dargestellt. Die einzelnen Untergruppen und ihre Besonderheiten sind in einer Zusammenfassung im Anschluss an die Hauptgruppen dargestellt.

DAS VERB

Die Konjugation von av*ere*

Mod.	Zeit	1. Person Singular		2. Person Singular		3. Person Singular	
Ind.	Pres.		**ho**		**hai**		**ha**
	Imperf.		av*evo*		av*evi*		av*eva*
	P. R.		**ebbi**		av*esti*		**ebbe**
	P. P.	*ho*	av*uto*	*hai*	av*uto*	*ha*	av*uto*
	T. P.	*avevo*	av*uto*	*avevi*	av*uto*	*aveva*	av*uto*
	T. R.	*ebbi*	av*uto*	*avesti*	av*uto*	*ebbe*	av*uto*
	F. S.		**avrò**		**avrai**		**avrà**
	F. A.	*avrò*	av*uto*	*avrai*	av*uto*	*avrà*	av*uto*
Cond.	Pres.		**avrei**		**avresti**		**avrebbe**
	Pass.	*avrei*	av*uto*	*avresti*	av*uto*	*avrebbe*	av*uto*
Cong.	Pres.		**abbia**		**abbia**		**abbia**
	Imperf.		av*essi*		av*essi*		av*esse*
	Pass.	*abbia*	av*uto*	*abbia*	av*uto*	*abbia*	av*uto*
	Tra.	av*essi*	av*uto*	av*essi*	av*uto*	av*esse*	av*uto*
Imp.	afferm.				**abbi**		**abbia**
	negat.			non	av*ere*	non	**abbia**

Inf. Pres.: av*ere*	Inf. Pass.: *aver(e)* av*uto*	Part. Pres.: av*ente*

Die Konjugation von ess*ere*

Mod.	Zeit	1. Person Singular		2. Person Singular		3. Person Singular	
Ind.	Pres.		**sono**		**sei**		**è**
	Imperf.		**ero**		**eri**		**era**
	P. R.		**fui**		**fosti**		**fu**
	P. P.	*sono*	**stato(a)**	*sei*	**stato(a)**	*è*	**stato(a)**
	T. P.	*ero*	**stato(a)**	*eri*	**stato(a)**	*era*	**stato(a)**
	T. R.	*fui*	**stato(a)**	*fosti*	**stato(a)**	*fu*	**stato(a)**
	F. S.		**sarò**		**sarai**		**sarà**
	F. A.	*sarò*	**stato(a)**	*sarai*	**stato(a)**	*sarà*	**stato(a)**
Cond.	Pres.		**sarei**		**saresti**		**sarebbe**
	Pass.	*sarei*	**stato(a)**	*saresti*	**stato(a)**	*sarebbe*	**stato(a)**
Cong.	Pres.		**sia**		**sia**		**sia**
	Imperf.		**fossi**		**fossi**		**fosse**
	Pass.	*sia*	**stato(a)**	*sia*	**stato(a)**	*sia*	**stato(a)**
	Tra.	*fossi*	**stato(a)**	*fossi*	**stato(a)**	*fosse*	**stato(a)**
Imp.	afferm.				**sii**		**sia**
	negat.			non	ess*ere*	non	**sia**

Inf. Pres.: ess*ere*	Inf. Pass.: *esser(e)* **stato**	Part. Pres.: ess*ente*

1. Person Plural		2. Person Plural		3. Person Plural	
	abbiamo		av*ete*		**hanno**
	av*evamo*		av*evate*		av*evano*
	av*emmo*		av*este*		**ebbero**
abbiamo	av*uto*	*avete*	av*uto*	*hanno*	av*uto*
avevamo	av*uto*	*avevate*	av*uto*	*avevano*	av*uto*
avemmo	av*uto*	*aveste*	av*uto*	*ebbero*	av*uto*
	avremo		**avrete**		**avranno**
avremo	av*uto*	*avrete*	av*uto*	*avranno*	av*uto*
	avremmo		**avreste**		**avrebbero**
avremmo	av*uto*	*avreste*	av*uto*	*avrebbero*	av*uto*
	abbiamo		**abbiate**		**abbiano**
	av*essimo*		av*este*		av*essero*
abbiamo	av*uto*	*abbiate*	av*uto*	*abbiano*	av*uto*
avessimo	av*uto*	*aveste*	av*uto*	*avessero*	av*uto*
	abbiamo		**abbiate**		**abbiano**
non	**abbiamo**	non	**abbiate**	non	**abbiano**
Part. Pass.: av*uto*		Ger. Pres.: av*endo*		Ger. Pass.: *avendo* av*uto*	

1. Person Plural		2. Person Plural		3. Person Plural	
	siamo		**siete**		**sono**
	eravamo		**eravate**		**erano**
	fummo		**foste**		**furono**
siamo	**stati(e)**	*siete*	**stati(e)**	*sono*	**stati(e)**
eravamo	**stati(e)**	*eravate*	**stati(e)**	*erano*	**stati(e)**
fummo	**stati(e)**	*foste*	**stati(e)**	*furono*	**stati(e)**
	saremo		**sarete**		**saranno**
saremo	**stati(e)**	*sarete*	**stati(e)**	*saranno*	**stati(e)**
	saremmo		**sareste**		**sarebbero**
saremmo	**stati(e)**	*sareste*	**stati(e)**	*sarebbero*	**stati(e)**
	siamo		**siate**		**siano**
	fossimo		**foste**		**fossero**
siamo	**stati(e)**	*siate*	**stati(e)**	*siano*	**stati(e)**
fossimo	**stati(e)**	*foste*	**stati(e)**	*fossero*	**stati(e)**
	siamo		**siate**		**siano**
non	**siamo**	non	**siate**	non	**siano**
Part. Pass.: **stato**		Ger. Pres.: ess*endo*		Ger. Pass.: *essendo* **stato**	

Die Konjugation der Verben auf -ARE

Mod.	Zeit	1. Person Singular	2. Person Singular	3. Person Singular
Ind.	Pres.	am***o***	am***i***	am***a***
	Imperf.	am***avo***	am***avi***	am***ava***
	P. R.	am***ai***	am***asti***	am***ò***
	F. S.	am***erò***	am***erai***	am***erà***
Cond.	Pres.	am***erei***	am***eresti***	am***erebbe***
Cong.	Pres.	am***i***	am***i***	am***i***
	Imperf.	am***assi***	am***assi***	am***asse***
Imp.	afferm.		am***a***	am***i***

Inf. Pres.: am***are***	Inf. Pass.: *aver(e)* am***ato***	Part. Pres.: am***ante***

Die Konjugation der Verben auf -ERE

Mod.	Zeit	1. Person Singular	2. Person Singular	3. Person Singular
Ind.	Pres.	tem***o***	tem***i***	tem***e***
	Imperf.	tem***evo***	tem***evi***	tem***eva***
	P. R.	tem***ei/-etti***	tem***esti***	tem***é/-ette***
	F. S.	tem***erò***	tem***erai***	tem***erà***
Cond.	Pres.	tem***erei***	tem***eresti***	tem***erebbe***
Cong.	Pres.	tem***a***	tem***a***	tem***a***
	Imperf.	tem***essi***	tem***essi***	tem***esse***
Imp.	afferm.		tem***i***	tem***a***

Inf. Pres.: tem***ere***	Inf. Pass.: *aver(e)* tem***uto***	Part. Pres.: tem***ente***

Die Konjugation der Verben auf -IRE

Mod.	Zeit	1. Person Singular	2. Person Singular	3. Person Singular
Ind.	Pres.	fin**isc*o***	fin**isc*i***	fin**isc*e***
	Imperf.	fin***ivo***	fin***ivi***	fin***iva***
	P. R.	fin***ii***	fin***isti***	fin***ì***
	F. S.	fin***irò***	fin***irai***	fin***irà***
Cond.	Pres.	fin***irei***	fin***iresti***	fin***irebbe***
Cong.	Pres.	fin**isc*a***	fin**isc*a***	fin**isc*a***
	Imperf.	fin***issi***	fin***issi***	fin***isse***
Imp.	afferm.		fin**isc*i***	fin**isc*a***

Inf. Pres.: fin***ire***	Inf. Pass.: *aver(e)* fin***ito***	Part. Pres.: fin***ente***

Andere Verben auf –IRE (z.B.: **divertire, dormire, fuggire, partire, pentirsi, seguire, ser**
Stammerweiterung um **–isc** gebildet (z.B.: **servo**).

1. Person Plural	2. Person Plural	3. Person Plural
am***iamo***	am***ate***	am***ano***
am***avamo***	am***avate***	am***avano***
am***ammo***	am***aste***	am***arono***
am***eremo***	am***erete***	am***eranno***
am***eremmo***	am***ereste***	am***erebbero***
am***iamo***	am***iate***	am***ino***
am***assimo***	am***aste***	am***assero***
am***iamo***	am***ate***	am***ino***
Part. Pass. : am***ato***	Ger. Pres.: am***ando***	Ger. Pass.: *avendo* am***ato***

1. Person Plural	2. Person Plural	3. Person Plural
tem***iamo***	tem***ete***	tem***ono***
tem***evamo***	tem***evate***	tem***evano***
tem***emmo***	tem***este***	tem***erono/-ettero***
tem***eremo***	tem***erete***	tem***eranno***
tem***eremmo***	tem***ereste***	tem***erebbero***
tem***iamo***	tem***iate***	tem***ano***
tem***essimo***	tem***este***	tem***essero***
tem***iamo***	tem***ete***	tem***ano***
Part. Pass. : tem***uto***	Ger. Pres.: tem***endo***	Ger. Pass.: *avendo* tem***uto***

1. Person Plural	2. Person Plural	3. Person Plural
fin***iamo***	fin***ite***	fin***iscono***
fin***ivamo***	fin***ivate***	fin***ivano***
fin***immo***	fin***iste***	fin***irono***
fin***iremo***	fin***irete***	fin***iranno***
fin***iremmo***	fin***ireste***	fin***irebbero***
fin***iamo***	fin***iate***	fin***iscano***
fin***issimo***	fin***iste***	fin***issero***
fin***iamo***	fin***ite***	fin***iscano***
Part. Pass. : fin***ito***	Ger. Pres.: fin***endo***	Ger. Pass.: *avendo* fin***ito***

vire, sentire, sortire (hinausgehen), **vestire** und ihre Zusammensetzungen werden ohne

Die Verben mit orthographischen Änderungen

Werden mehrere Verbformen der folgenden Aufstellungen z. B. regelmäßig konjugiert, ist ebenfalls regelmäßig zu konjugieren, solange bis eine unregelmäßige Verbform anzeigt, Änderung in einer Zeit durch alle Personen hindurch aufweisen oder die durch alle Perso anschließend aufgeführten Aufstellung **Die Konjugation der wichtigsten unregelmäßigen** Dies schließt auch deren Zusammensetzungen mit ein, auch wenn diese nicht ausdrücklich

VG	Konjugationsmerkmal	Presente	Imperfetto	P. R.
-care **-gare**	Vor allen Endungen, die mit -e, -i beginnen, wird nach dem Verbstamm ein -h eingefügt.	cerc*o* cer**ch***i* cerc*a* cer**ch***iamo* cerc*ate*	cerc*avo*	cerc*ai*
-iare	Vor allen Endungen, die mit -i beginnen, bleibt das betonte -i des Verbstamms, unbetontes -i entfällt.	invi*o* invi*i* invi*a* **inv***iamo* invi*ate*	invi*avo*	invi*ai*
-iare **-chiare** **-ghiare** **-gliare** **-ziare**	Vor allen Endungen, die mit -i beginnen, entfällt das -i der Verbstammendung.	cambi*o* **camb***i* cambi*a* **camb***iamo* cambi*ate*	cambi*avo*	cambi*ai*
-ciare **-giare**	Vor allen Endungen, die mit -e, -i beginnen, entfällt das -i der Verbstammendung.	cominci*o* **cominc***i* cominci*a* **cominc***iamo* cominci*ate*	cominci*avo*	cominci*ai*
-ocare	In allen auf dem Verbstamm betonten Verbformen (1. - 3. Pers. Sing. und 3. Pers. Plur. des pres., cong. pres. und imp. kann das -o des Verbstamms zu –uo werden. Vor allen Endungen, die mit -e, -i beginnen, wird nach dem Verbstamm ein -h eingefügt.	gi(**u**)**o**c*o* gi(**u**)**och***i* gi(**u**)**o**c*a* gio**ch***iamo* gioc*ate* gi(**u**)**o**c*ano*	gioc*avo*	gioc*ai*

stellvertretend die erste regelmäßige Verbform dargestellt. Alle folgenden Verbformen sind dass die folgenden Verbformen unregelmäßig zu konjugieren sind etc. Verbformen, die eine nen hindurch regelmäßig sind, sind nur in der jeweils 1. Person Singular dargestellt. In der **Verben** sind in der Spalte **Infinitiv** die wichtigsten Verben einer Verbgruppe aufgeführt. genannt sind. Alle Endungen sind kursiv, alle Besonderheiten sind fett gedruckt.

F. S.	Cond. Pres.	Cong. Pres.	Cong. Imperf.	Imp. afferm.	P. Pass./Pres. Gerundio
cer**ch***erò*	cer**ch***erei*	cer**ch***i*	cerc*assi*	cerc*a* cer**ch***i* cerc*ate* cer**ch***ino*	cerc*ato* cerc*ante* cerc*ando*
invi*erò*	invi*erei*	invi*i* **inv***iamo* invi*ino*	invi*assi*	invi*a* invi*i* **inv***iamo* invi*ate* invi*ino*	invi*ato* invi*ante* invi*ando*
cambi*erò*	cambi*erei*	**camb***i*	cambi*assi*	cambi*a* **camb***i* cambi*ate* **camb***ino*	cambi*ato* cambi*ante* cambi*ando*
cominc*erò*	**cominc***erei*	**cominc***i*	cominci*assi*	cominci*a* **cominc***i* cominci*ate* **cominc***ino*	cominci*ato* cominci*ante* cominci*ando*
gio**ch***erò*	gio**ch***erei*	gi**(u)och***i* gio**ch***iamo* gi**(u)och***ino*	gioc*assi*	gi**(u)oc***a* gi**(u)och***i* gio**ch***iamo* gioc*ate* gi**(u)och***ino*	gioc*ato* gioc*ante* gioc*ando*

VG	Konjugationsmerkmal	Presente	Imperfetto	P. R.
-c*ire*	Vor allen Endungen, die mit -a, -o beginnen, wird nach dem -c ein –i eingefügt.	cuci*o* cuc*i* cuci*ono*	cuc*ivo*	cuc*ii*

Die Verben auf -ERE mit einzelnen unregelmäßigen Verbformen

Einige Verbgruppen der Verben auf **-ERE** ändern nur den Verbstamm in der 1. und 3. Per passato. Außerdem werden die regelmäßigen Endungen des passato remoto (**-etti, -ette,**

Infinito	Passato Remoto 1. Pers. Sing.	Passato Remoto 2. Pers. Sing.	Passato Remoto 3. Pers. Sing.
convinc*ere*	convin**s*i***	convinc*esti*	convin**s*e***
conosc*ere*	cono**bb*i***	conosc*esti*	cono**bb*e***
nasc*ere*	na**cqu*i***	nasc*esti*	na**cqu*e***
dipin*gere* giung*ere* piang*ere* sping*ere*	pian**s*i***	piang*esti*	pian**s*e***
string*ere*	strin**s*i***	string*esti*	strin**s*e***
distrugg*ere* legg*ere* protegg*ere*	distru**ss*i***	distrugg*esti*	distru**ss*e***
distingu*ere*	distin**s*i***	distingu*esti*	distin**s*e***
dirig*ere*	di**ress*i***	dirig*esti*	di**ress*e***
decid*ere* divid*ere* rid*ere* chiud*ere* conclud*ere* persuad*ere*	deci**s*i***	decid*esti*	deci**s*e***
chied*ere*	chie**s*i***	chied*esti*	chie**s*e***
conced*ere* succed*ere*	conce**ss*i***	conced*esti*	conce**ss*e***

F. S.	Cond. Pres.	Cong. Pres.	Cong. Imperf.	Imp. afferm.	P. Pass./Pres. Gerundio
cuc*irò*	cuc*irei*	cuci*a* cuc*iamo* cuci*ano*	cuc*issi*	cuc*i* cuc*ia* cuc*iamo* cuci*ano*	cuc*ito* cuc*ente* cuc*endo*

son Singular und in der 3. Person Plural des passato remoto und meist im participio -**ettero**) auf **-ero** und im participio passato (**-uto**) meist auf **-o** verkürzt.

Passato Remoto 1. Pers. Plur.	Passato Remoto 2. Pers. Plur.	Passato Remoto 3. Pers. Plur.	Part. Pass.
convinc*emmo*	convinc*este*	convin***sero***	convin***to***
conosc*emmo*	conosc*este*	cono**bb*****ero***	conosc***iuto***
nasc*emmo*	nasc*este*	na**cqu*****ero***	na***to***
piang*emmo*	piang*este*	pian***sero***	pian***to***
string*emmo*	string*este*	strin***sero***	str**ett*****o***
distrugg*emmo*	distrugg*este*	distru**ss*****ero***	distru**tt*****o***
distingu*emmo*	distingu*este*	distin***sero***	distin***to***
dirig*emmo*	dirig*este*	dir**ess*****ero***	dir**ett*****o***
decid*emmo*	decid*este*	deci***sero***	deci***so***
chied*emmo*	chied*este*	chie***sero***	chie***sto***
conced*emmo*	conced*este*	conce**ss*****ero***	conce**ss*****o***

Infinito	Passato Remoto 1. Pers. Sing.	Passato Remoto 2. Pers. Sing.	Passato Remoto 3. Pers. Sing.
attend*ere* **difend*ere*** **dipend*ere*** **prend*ere*** **rend*ere*** **scend*ere*** **spend*ere***	sce**s*i***	scend*esti*	sce**s*e***
rispond*ere*	rispo**s*i***	rispond*esti*	rispo**s*e***
confond*ere*	conf**us*i***	confond*esti*	conf**us*e***
romp*ere*	**rupp*i***	romp*esti*	**rupp*e***
discut*ere*	discu**ss*i***	discut*esti*	discu**ss*e***
flett*ere*	fle**ss*i***	flett*esti*	fle**ss*e***
mett*ere*	m**i**s***i***	mett*esti*	m**i**s***e***
corr*ere*	co**r**s***i***	corr*esti*	co**r**s***e***
scriv*ere*	scri**ss*i***	scriv*esti*	scri**ss*e***
piov*ere*	pio**vv*i***	piov*esti*	pio**vv*e***

Die Konjugation der wichtigsten unregelmäßigen Verben

Infinito	Presente	Imperfetto	P. R.	F. S.
and*are*	**vado** **vai** **va** and*iamo* **vanno**	and*avo*	and*ai*	and***rò***
d*are*	d*o* d***ai*** d***à*** d*iamo* d***anno***	d*avo*	d***iedi***/d**etti** d***esti*** d***iede***/d**ette** d***emmo*** d***este*** d***iedero***/d**ettero**	d***arò***

Passato Remoto 1. Pers. Plur.	Passato Remoto 2. Pers. Plur.	Passato Remoto 3. Pers. Plur.	Part. Pass.
scend*emmo*	scend*este*	sc**es*ero***	sc**es*o***
rispond*emmo*	rispond*este*	rispo**s*ero***	rispo**st*o***
confond*emmo*	confond*este*	conf**us*ero***	conf**us*o***
romp*emmo*	romp*este*	r**upp*ero***	**r**o**tt*o***
discut*emmo*	discut*este*	discu**ss*ero***	discu**ss*o***
flett*emmo*	flett*este*	fle**ss*ero***	fle**ss*o***
mett*emmo*	mett*este*	m**is*ero***	me**ss*o***
corr*emmo*	corr*este*	co**rs*ero***	co**rs*o***
scriv*emmo*	scriv*este*	scri**ss*ero***	scri**tt*o***
piov*emmo*	piov*este*	pio**vv*ero***	piov*uto*

Cond. Pres.	Cong. Pres.	Cong. Imperf.	Imp. afferm.	Part. Pass.	Part. Pres. Gerundio
and***rei***	**vada** and*iamo* **vadano**	and*assi*	**va/va'/vai** **vada** and*iamo* **vadano**	essere and*ato*	and*ante* and*ando*
d***arei***	d***ia*** d*iamo* d***iano***	d***essi***	d***a***/d***a'***/d***ai*** d***ia*** d*iamo* d***iano***	avere d*ato*	d*ante* d*ado*

Infinito	Presente	Imperfetto	P. R.	F. S.
st*are*	st*o* st*ai* st*a* *stanno*	st*avo*	st*etti* st*esti* st*ette* st*emmo* st*este* st*ettero*	st*arò*
piac*ere*	pia**cci***o* piac*i* pia**c(c)***iamo* piac*ete* pia**cci***ono*	piac*evo*	pia**cqu***i* piac*esti* pia**cqu***e* piac*emmo* pia**cqu***ero*	piac*erò*
cuoc*ere*	cuoci*o* cuoc*i* c**o**c*iamo* cuoci*ono*	c**o**c*evo*	c**oss***i* c**o**c*esti* c**oss***e* c**o**c*emmo* c**oss***ero*	c**o**c*erò*
muov*ere*	muov*o* m**o**v*iamo* muov*ono*	m**o**v*evo*	m**oss***i* m**o**v*esti* m**oss***e* m**o**v*evamo* m**oss***ero*	m**o**v*erò*
spegn*ere* speng*ere*	spe**ng***o* spegn*i* spe**ng***ono*	spegn*evo*	spe**ns***i* spegn*esti* spe**ns***e* spegn*emmo* spe**ns***ero*	spegn*erò*
cogli*ere* scegli*ere*	co**lg***o* **cogl***i* cogli*e* **cogl***iamo* cogli*ete* co**lg***ono*	cogli*evo*	co**ls***i* cogli*esti* co**ls***e* cogli*emmo* co**ls***ero*	cogli*erò*
cad*ere*	cad*o*	cad*evo*	ca**dd***i* cad*esti* ca**dd***e* cad*emmo* ca**dd***ero*	cad*rò*

Cond. Pres.	Cong. Pres.	Cong. Imperf.	Imp. afferm.	Part. Pass.	Part. Pres. Gerundio
st***arei***	st***ia*** st*iamo* st***iano***	st***essi***	st**à**/st***a'***/st**ai** st***ia*** st*iamo* st***iano***	essere st*ato*	st*ante* st*ando*
piac*erei*	pia**cci***a* pia**(c)c***iamo* pia**cci***ano*	piac*essi*	piac*i* pia**cci***a* pia**(c)c***iamo* piac*ete* pia**cci***ano*	essere piaci*uto*	piac*ente* piac*endo*
c**o**c*erei*	cuoci*a* c**o**c*iamo* cuoci*ano*	c**o**c*essi*	cuoc*i* cuoci*a* c**o**c*iamo* cuoci*ano*	avere **cotto**	c**o**c*ente* c**o**c*endo*
m**o**v*erei*	muov*a* m**o**v*iamo* muov*ano*	mov*essi*	muov*i* m**o**v*iamo* muov*ano*	avere **mosso**	m**o**v*ente* m**o**v*endo*
spegn*erei*	spe**ng***a* spegn*iamo* spe**ng***ano*	spegn*essi*	spegn*i* spe**ng***a* spegn*iamo* spe**ng***ano*	avere spe**nto**	spegn*ente* spegn*endo*
cogli*erei*	co**lg***a* **cogl***iamo* co**lg***ano*	cogli*essi*	**cogl***i* co**lg***a* **cogl***iamo* cogli*ete* co**lg***ano*	avere **colto**	cogli*ente* cogli*endo*
cad***rei***	cad*a*	cad*essi*	cad*i*	essere cad*uto*	cad*ente* cad*endo*

DAS VERB

Infinito	Presente	Imperfetto	P. R.	F. S.
vedere	vedo	vedevo	vidi vedesti vide vedemmo videro	vedrò
sedere	siedo sediamo siedono	sedevo	sedei/sedetti	sederò
vivere	vivo	vivevo	vissi vivesti visse vivemmo vissero	vivrò
parere	paio pari paiamo parete paiono	parevo	parvi paresti parve paremmo parvero	parrò
valere	valgo vali valgono	valevo	valsi valesti valse valemmo valsero	varrò
rimanere	rimango rimani rimangono	rimanevo	rimasi rimanesti rimase rimanemmo rimasero	rimarrò
porre (von ponere)	pongo poni pongono	ponevo	posi ponesti pose ponemmo posero	porrò
trarre (von traere)	traggo trai traggono	traevo	trassi traesti trasse traemmo trassero	trarrò

Cond. Pres.	Cong. Pres.	Cong. Imperf.	Imp. afferm.	Part. Pass.	Part. Pres. Gerundio
ved***rei***	ved*a*	ved*essi*	ved*i*	avere **visto,** avere ved*uto*	ved*ente* vend*endo*
sed*erei*	**sie**d*a* sed*iamo* **sie**d*ano*	sed*essi*	**sie**d*i* sed*iamo* **sie**d*ano*	essere sed*uto*	sed*ente* sed*endo*
viv***rei***	viv*a*	viv*essi*	viv*i*	avere vi**ss***uto*	viv*ente* viv*endo*
par***rei***	pai*a* **pa***iamo* pai*ano*	par*essi*	-	essere par**s*****o***	par**v***ente* par*endo*
var***rei***	val**g***a* val*iamo* val**g***ano*	val*essi*	val*i* val**g***a* val*iamo* val**g***ano*	avere val**s*****o***	val*ente* val*endo*
rimar***rei***	riman**g***a* riman*iamo* riman**g***ano*	riman*essi*	riman*i* riman**g***a* riman*iamo* riman**g***ano*	essere rima**st*****o***	riman*ente* riman*endo*
por***rei***	**pong***a* **pon***iamo* **pong***ano*	**pon***essi*	**pon***i* **pong***a* **pon***iamo* **pong***ano*	avere **posto**	**pon***ente* **pon***endo*
trar***rei***	**tragg***a* **tra***iamo* **tragg***ano*	**tra***essi*	**tra***i* **tragg***a* **tra***iamo* **tragg***ano*	avere **tratto**	**tra***ente* **tra***endo*

Infinito	Presente	Imperfetto	P. R.	F. S.
condurre, **introdurre,** **produrre,** **ridurre,** **tradurre** (von -**duc***ere*)	**conduc***o*	**conduc***evo*	**conduss***i* **conduc***esti* **conduss*****e*** **conduc***emmo* **conduss*****ero***	condur***rò***
dire (von **dic***ere*)	**dic***o* **dite** **dic***ono*	**dic***evo*	**diss***i* **dic***esti* **diss*****e*** **dic***emmo* **diss*****ero***	di***rò***
fare (von **fac***ere*)	**facci***o* **fai** **fa** **facci***amo* **fate** **fanno**	**fac***evo*	**fec***i* **fac***esti* **fec*****e*** **fac***emmo* **fec*****ero***	fa***rò***
bere (von **bev***ere*)	**bev***o*	**bev***evo*	**bevv***i* **bev***esti* **bevv*****e*** **bev***emmo* **bevv*****ero***	ber***rò***
vol***ere***	vo**gli***o* **vuo***i* **vuol***e* vo**gli***amo* vol*ete* vo**gli***ono*	vol*evo*	vol**l*****i*** vol*esti* vol**l*****e*** vol*emmo* vol**l*****ero***	vo**r*****rò***
dov***ere***	dev*o*/de**bb***o* dev*i* do**bb***iamo* dov*ete* dev*ono*/de**bb***ono*	dov*evo*	dov*ei*/dov*etti*	dov***rò***
pot***ere***	pos**s***o* puo*i* **può** pos**s***iamo* pot*ete* pos**s***ono*	pot*evo*	pot*ei*/pot*etti*	pot***rò***

Cond. Pres.	Cong. Pres.	Cong. Imperf.	Imp. afferm.	Part. Pass.	Part. Pres. Gerundio
condur***rei***	**conduc***a*	**conduc***essi*	**conduc***i*	avere **condotto**	**conduc***ente* **conduc***endo*
di***rei***	**dic***a*	**dic***essi*	**di/di'** **dic***a* **dite** **dic***ano*	avere **detto**	**dic***ente* **dic***endo*
fa***rei***	**facci***a*	**fac***essi*	**fa/fa'/fai** **facci***a* **fate** **facci***ano*	avere **fatto**	**fac***ente* **fac***endo*
ber***rei***	**bev***a*	**bev***essi*	**bev***i*	avere **bev***uto*	**bev***ente* **bev***endo*
vor***rei***	vo**gli***a*	vol*essi*	v**uo***i* vo**gli***a* vo**gl***iamo* vol*ete* vo**gli***ano*	avere vol*uto*	vol*ente* vol*endo*
dov***rei***	dev*a*/d**ebb***a* do**bb**iamo dev*ano*/d**ebb***ano*	dov*essi*	-	avere dov*uto*	- dov*endo*
pot***rei***	po**ss***a*	pot*essi*	-	avere pot*uto*	pot*ente* pot*endo*

Infinito	Presente	Imperfetto	P. R.	F. S.
ten*ere*	ten**g***o* **tie**n*i* ten*iamo* ten**g***ono*	ten*evo*	ten**n*i*** ten*esti* ten**n*e*** ten*emmo* ten**n*ero***	te**r*rò***
sap*ere*	**s***o* **sa***i* **sa** sap**p***iamo* sap*ete* **sanno**	sap*evo*	**sepp*i*** sap*esti* **sepp*e*** sap*emmo* **sepp*ero***	sap***rò***
usc*ire*	**esc***o* usc*iamo* **esc***ono*	usc*ivo*	usc*ii*	usc*irò*
ud*ire*	**o**d*o* ud*iamo* **o**d*ono*	ud*ivo*	ud*ii*	ud***(i)rò***
mor*ire*	**muoi***o* **muor***i* mor*iamo* **muoi***ono*	mor*ivo*	mor*ii*	mor***(i)rò***
apr*ire* **copr*ire*** **offr*ire*** **soffr*ire***	apr*o*	apr*ivo*	apr*ii*/ap**ers*i*** apr*isti* apr*i*/ap**ers*e*** apr*immo* apr*irono*/ap**ers*ero***	apr*irò*
appar*ire* **dispar*ire***	appa**i***o* appar*i* appa**i***ono*	appar*ivo*	appr*ii*/appar**v*i*** appar*isti* appar*i*/appar**v*e*** appar*immo* appar*irono*/appar**v*ero***	appar*irò*
sal*ire*	sal**g***o* sal*i* sal**g***ono*	sal*ivo*	sal*ii*	sal*irò*
ven*ire*	ven**g***o* **vie**n*i* ven*iamo* ven**g***ono*	ven*ivo*	ven**n*i*** ven*isti* ven**n*e*** ven*immo* ven**n*ero***	ve**r*rò***

Cond. Pres.	Cong. Pres.	Cong. Imperf.	Imp. afferm.	Part. Pass.	Part. Pres. Gerundio
ter*rei*	ten**g***a* ten*iamo* ten**g***ano*	ten*essi*	**tie**n*i* ten**g***a* ten*iamo* ten**g***ano*	avere ten*uto*	ten*ente* ten*endo*
sap*rei*	sa**ppi***a*	sap*essi*	sa**pp***i* sa**ppi***a*	avere sap*uto*	- sap*endo*
usc*irei*	**esc***a* usc*iamo* **esc***ano*	usc*issi*	**esc***i* usc*iamo* **esc***ano*	essere usc*ito*	usc*ente* usc*endo*
ud***(i)rei***	**o**d*a* ud*iamo* **o**d*ano*	ud*issi*	**o**d*i* ud*iamo* **o**d*ano*	avere ud*ito*	ud*ente* ud*endo*
mor***(i)rei***	m**uoi***a* mor*iamo* m**uoi***ano*	mor*issi*	m**uo**r*i* m**uoi***a* mor*iamo* m**uoi***ano*	essere **morto**	mor*ente* mor*endo*
apr*irei*	apr*a*	apr*issi*	apr*i*	avere ap**erto**	apr*ente* apr*endo*
appar*irei*	appa**i***a* appar*iamo* appa**i***ano*	appar*issi*	appar*i* appa**i***a* appar*iamo* appa**i***ano*	essere app***arso***	appar*ente* appar*endo*
sal*irei*	sal**g***a* sal*iamo* sal**g***ano*	sal*issi*	sal*i* sal**g***a* sal*iamo* sal**g***ano*	essere sal*ito*	sal***iente*** sal*endo*
ver***rei***	ven**g***a* ven*iamo* ven**g***ano*	ven*issi*	v**ie**n*i* ven**g***a* ven*iamo* ven**g***ano*	essere ven***uto***	ven***iente*** ven*endo*

Die Hilfsverben (I verbi ausiliari)

Die Hilfsverben **avere** (haben) und **essere** (sein) dienen zur Bildung der zusammengesetzten Zeiten und des Passivs.

Verben, die mit avere konjugiert werden

Die meisten Verben bilden die zusammengesetzten Zeiten mit **avere**. Es sind dies **avere** selbst, alle transitiven Verben und einige intransitive Verben.

- **Ho** *avuto* due lettere.
- Anna **ha** *venduto* la sua casa.
- Questo esame **ha** *durato* molto tempo.

Verben, die mit essere konjugiert werden

Einige Verben bilden die zusammengesetzten Zeiten mit **essere**. Dies gilt für **essere** selbst, die meisten intransitiven Verben, alle reflexiven Verben und die Verben, die in der so genannten Si-Konstruktion verwendet werden. Das Passiv wird grundsätzlich mit **essere** gebildet.

- **Sono** *stato* in America.
- Questo esame **è** *durato* molto tempo.
- *Si* **è** *accorto* troppo tardi della nostra presenza.
- Ti *si* **è** *visto.*
- Paolo **è** *invitato.*

Die mit **essere** konjugierten Verben richten sich in Geschlecht und Zahl nach dem Subjekt, d. h. bei einem männlichen Subjekt (1. - 3. Person Singular) endet das participio passato auf **-o**, bei mehreren (1. - 3. Person Plural) auf **-i**. Bei einem weiblichen Subjekt endet das participio passato auf **-a**, bei mehreren auf **-e**. Bei einem oder mehreren männlichen und weiblichen Subjekten endet das participio passato auf **-i**, selbst wenn unter mehreren weiblichen Subjekten nur ein männliches ist.

Subjekt/ Geschlecht	eine Person, Sache (1. - 3. Person Singular)	mehrere Personen, Sachen (1. - 3. Person Plural)
männlich	Paolo è partit**o**.	Paolo e Luigi sono partit**i**.
weiblich	Gianna è partit**a**.	Gianna e Maria sono partit**e**.
männlich und weiblich	-	Paolo e Gianna sono partit**i**.

Reflexive und reziproke Verben (I verbi riflessivi e reciproci)

Reflexive und reziproke Verben sind Verben, die von einem Reflexivpronomen begleitet werden. Reflexivpronomen und Subjekt bezeichnen dieselbe Person oder Sache.

Nicht jedes Verb, das im Deutschen reflexiv verwendet wird, kann auch im Italienischen reflexiv verwendet werden und umgekehrt.
Bei einigen sowohl reflexiv als auch nicht reflexiv verwendeten Verben liegt meist ein Unterschied in der Bedeutung vor.

- **Si accorse** troppo tardi della nostra presenza.
  (Er **nahm** unsere Anwesenheit zu spät **wahr**.)
- Quest'anno **sono successi** molti incidenti.
  (Dieses Jahr **sind** viele Unfälle **passiert.**)
- Paolo **si lava** le mani.
  (Paolo **wäscht sich** die Hände.)
- Paolo **lava** il bucato.
  (Paolo wäscht die Wäsche.)

Reziproke Verben drücken die Gegenseitigkeit, Wechselbeziehung aus (einander, gegenseitig). Sie werden von einem Reflexivpronomen begleitet und nur im Plural verwendet.

- **Si conoscono** da cinque anni.
  (Sie **kennen sich/einander** seit fünf Jahren.)
- Luigi e Paola **si amano** molto.

Die Si Konstruktion (Il **si** generico)

Si + Verb, die sogenannte Si-Konstruktion wird häufig bei einem unbestimmten Subjekt oder anstelle des Passivs verwendet.
Das Partizip bleibt unverändert, wenn mit **avere** konjugiert wird, wird mit **essere** konjugiert, endet das Partizip auf -i.
Si + Verb steht in der 3. Person Singular, wenn kein direktes Objekt vorhanden ist, bei einem direkten Objekt im Plural steht **si** + Verb in der 3. Person Plural, steht das direkte Objekt im Singular, steht auch das Verb im Singular. Das Partizip Perfekt richtet sich nach dem Objekt.

- **Si è ballato.**
  (**Man hat/es wurde getanzt**.)
- **Si è parlato** di te. (parlare + avere)
- **Si è partiti** stamattina. (partire + essere)
- Qui **si allarga** *la strada.*
  (Hier **wird** *die Straße* **verbreitert**.)
- Qui **si allargano** *le strade.*
  (Hier **werden** *die Straßen* **verbreitert**.)
- Qui **si è allargata** *la strada.*
- Qui **si sono allargati** *i sentieri.*

Bei den reflexiven Verben wird das **si** der Si-Konstruktion durch **ci** ersetzt, um zu vermeiden, daß **si** zweimal aufeinander folgt.

- Prima di mangiare **ci si lava** le mani.
  (Vor dem Essen **wäscht man sich** die Hände.)

Die Konjugation der reflexiven Verben

Mod.	Zeit	1. Person Singular	2. Person Singular	3. Person Singular
Ind.	Pres.	**mi** lav*o*	**ti** lav*i*	**si** lav*a*
	Imperf.	**mi** lav*avo*	**ti** lav*avi*	**si** lav*ava*
	P. R.	**mi** lav*ai*	**ti** lav*asti*	**si** lav*ò*
	P. P.	**mi** *sono* lav*ato(a)*	**ti** *sei* lav*ato(a)*	**si** *è* lav*ato(a)*
	T. P.	**mi** *ero* lav*ato(a)*	**ti** *eri* lav*ato(a)*	**si** *era* lav*ato(a)*
	T. R.	**mi** *fui* lav*ato(a)*	**ti** *fosti* lav*ato(a)*	**si** *fu* lav*ato(a)*
	F. S.	**mi** lav*erò*	**ti** lav*erai*	**si** lav*erà*
	F. A.	**mi** *sarò* lav*ato(a)*	**ti** *sarai* lav*ato(a)*	**si** *sarà* lav*ato(a)*
Cond.	Pres.	**mi** lav*erei*	**ti** lav*eresti*	**si** lav*erebbe*
	Pass.	**mi** *sarei* lav*ato(a)*	**ti** *saresti* lav*ato(a)*	**si** *sarebbe* lav*ato(a)*
Cong.	Pres.	**mi** lav*i*	**ti** lav*i*	**si** lav*i*
	Imperf.	**mi** lav*assi*	**ti** lav*assi*	**si** lav*asse*
	Pass.	**mi** *sia* lav*ato(a)*	**ti** *sia* lav*ato(a)*	**si** *sia* lav*ato(a)*
	Tra.	**mi** *fossi* lav*ato(a)*	**ti** *fossi* lav*ato(a)*	**si** *fosse* lav*ato(a)*
Imp.	afferm.		lav*a***ti**	**si** lav*i*
	negat.		non **ti** lav*are* non lav*ar***ti**	non **si** lav*i* non **si** lav*i*
Inf.	Pres.	lav*ar***si**		
	Pass.	*esser***si** lav*ato*		
Part.	Pres.	lav*ante***si**		
	Pass.	lav*ato***si**		
Ger.	Pres.	lav*ando***si**		
	Pass.	*essendo***si** lav*ato*		

Die reflexiven Verben bilden die zusammengesetzten Zeiten mit **essere** und richten sich in Singular) endet das participio passato auf **–o**, bei mehreren (1. – 3. Person Plural) en mehreren auf **–e**. Bei einem, mehreren männlichen und weiblichen Subjekten endet das lichen ist. Dies ist hier durch **o(a)** bzw. **i(e)** dargestellt.

Reflexive, reziproke Verben und Si-Konstruktion

1. Person Plural			2. Person Plural			3. Person Plural		
ci		lav*iamo*	**vi**		lav*ate*	**si**		l*avano*
ci		lav*avamo*	**vi**		lav*avate*	**si**		lav*avano*
ci		lav*ammo*	**vi**		lav*aste*	**si**		lav*arono*
ci	*siamo*	lav*ati(e)*	**vi**	*siete*	lav*ati(e)*	**si**	*sono*	lav*ati(e)*
ci	*eravamo*	lav*ati(e)*	**vi**	*eravate*	lav*ati(e)*	**si**	*erano*	lav*ati(e)*
ci	*fummo*	lav*ati(e)*	**vi**	*foste*	lav*ati(e)*	**si**	*furono*	lav*ati(e)*
ci		lav*eremo*	**vi**		lav*erete*	**si**		lav*eranno*
ci	*saremo*	lav*ati(e)*	**vi**	*sarete*	lav*ati(e)*	**si**	*saranno*	lav*ati(e)*
ci		lav*eremmo*	**vi**		lav*ereste*	**si**		lav*erebbero*
ci	*saremmo*	lav*ati(e)*	**vi**	*sareste*	lav*ati(e)*	**si**	*sarebbero*	lav*ati(e)*
ci		lav*iamo*	**vi**		lav*iate*	**si**		l*avino*
ci		lav*assimo*	**vi**		lav*aste*	**si**		lav*assero*
ci	*siamo*	lav*ati(e)*	**vi**	*siate*	lav*ati(e)*	**si**	*siano*	lav*ati(e)*
ci	*fossimo*	lav*ati(e)*	**vi**	*foste*	lav*ati(e)*	**si**	*fossero*	lav*ati(e)*
		lav*iamo***ci**			lav*ate***vi**	**si**		l*avino*
non		lav*iamo***ci**	non		lav*ate***vi**	non	**si**	l*avino*
non	**ci**	lav*iamo*	non	**vi**	lav*ate*	non	**si**	l*avino*

Geschlecht und Zahl nach dem Subjekt, d.h. bei einem männlichen Subjekt (1. – 3. Person
det es auf **–i**. Bei einem weiblichen Subjekt endet das participio passato auf **–a**, bei
participio passato auf –i, selbst wenn nur ein männliches Subjekt unter mehreren weib-

Das Verb und seine Ergänzungen (Il verbo ed i suoi complementi)

Die Verben können eine oder mehrere der folgenden Ergänzungen, d. h. Objekte oder prädikative Ergänzungen bei sich haben.
Es ist jedoch zu beachten, dass das italienische Verb nicht dieselben Ergänzungen bzw. Objekte bei sich haben muss wie das deutsche Verb, d. h. ein Verb, das im Deutschen mit direktem Objekt steht, kann im Italienischen mit indirektem Objekt stehen und umgekehrt.

Verben mit direktem Objekt (Verbi con un complemento diretto)

Das direkte Objekt wird im Italienischen ohne Präposition an das Verb angeschlossen. Verben mit direktem Objekt heißen transitive Verben (verbi transitivi).
Verben, die im Italienischen mit direktem Objekt stehen, haben im Deutschen häufig ein indirektes Objekt.

- Gli alunni **hanno ascoltato** *la maestra* attentamente.
- Maria **ha incontrato** *sua madre* al supermercato.

- **aiutare qn** (jm. helfen)
- **ascoltare qn** (jm. zuhören)
- **assistere qn** (jm. beistehen)
- **cambiare qc** (etw. ändern)
- **chiedere qc** (etw. fragen)
- **consigliare qn** (jn. beraten)
- **contraddire qn** (jm. widersprechen)
- **credere qc** (etw. glauben)
- **domandare qc** (etw. fragen)
- **incontrare qn** (jm. begegnen)
- **minacciare qn** (jm. drohen)
- **passare qc** (etw. überschreiten)
- **prevenire qn** (jm. zuvorkommen)
- **ringraziare qn** (jm. danken)
- **sapere qc** (etw. wissen)
- **seguire qn** (jm. folgen)
- **servire qc** (etw. servieren)

Verben mit indirektem Objekt (Verbi con un complemento indiretto)

Das indirekte Objekt wird im Italienischen mit einer Präposition, meist **a, di** an das Verb angeschlossen.

- **Si avvicina** *a Maria.*
- Paolo **è accusato** *di furto dalla commessa.*

- **avvicinarsi a qn** (sich jm. nähern)
- **chiedere a qn** (jn. fragen)
- **comunicare qc a qn** (jm. etw. mitteilen)
- **consigliare a qn** (jm. raten)
- **credere a qn** (jm. glauben)
- **dare a qn** (jm. geben)
- **dire qc a qn** (jm. etw. sagen)
- **domandare a qn** (jn. fragen)
- **mostrare a qn** (jm. zeigen)
- **offrire a qn** (jm. anbieten)
- **permettere a qn** (jm. erlauben)
- **prestare a qn** (jm. borgen)
- **promettere a qn** (jm. versprechen)
- **raccontare a qn** (jm. erzählen)
- **rendere a qn** (jm. zurückgeben)
- **rispondere a qn, qc** (jm. antworten, etw. beantworten)

• **accusare di qc**	(wegen etw. anklagen)	• **occuparsi di qc**	(sich mit etw. beschäftigen)
• **accorgersi di qc**	(etw. bemerken, wahrnehmen)	• **parlare di qc, qn**	(von etw., jm. sprechen)
• **dubitare di qc**	(etw. bezweifeln)	• **pentirsi di qc**	(etw. bereuen)
• **interessarsi di qc, qn**	(sich für etw., jn. interessieren)	• **ridere di qc, qn**	(über etw., jn. lachen)
• **lamentarsi di qc, qn**	(sich über etw., jn. beklagen)	• **trattarsi di qc**	(sich um etw. handeln)

Verben ohne Objekt (Verbi senza complementi)

Einige Verben stehen ohne Objektergänzung. Diese Verben heißen intransitive Verben (verbi intransitivi).

- Fa soltanto ciò che gli **accomoda.**
- Con la galleria il percorso **si è accorciato**.

Verben mit prädikativer Ergänzung (Verbi con un complemento predicativo)

Die prädikative Ergänzung ist ein Substantiv oder Adjektiv und bezieht sich entweder auf das Subjekt oder Objekt.
Als Adjektiv richtet sie sich in Geschlecht und Zahl nach ihrem Bezugswort.

- Gianna **è** mia *sorella.*
- Luigi **fu eletto** *deputato.*
- Luigi **è** *povero.*
- Gianna **ha** due figlie *ammalate.*

Adverbiale Bestimmungen (Complementi avverbiali)

Adverbiale Bestimmungen (Umstandsbestimmungen) sind Zeitangaben (complementi di tempo) Ortsangaben (complementi di luogo), Angaben zur Art und Weise (complementi di modo) oder des Grundes, der Ursache (complementi di causa).

- **Partiremo** *la settimana prossima.*
- Gli alunni **hanno letto** il libro *a scuola.*
- **Marciamo** *lentamente.*
- **Arse** *di rabbia.*

Die Zeiten (I tempi)

Mit Hilfe der Zeiten werden bestimmte Vorgänge oder Zustände der Vergangenheit, Gegenwart oder Zukunft zugeordnet.

Einfache Zeiten (I tempi semplici)

Die einfachen Zeiten werden ohne Hilfsverb gebildet.

- **Scrivo** una lettera.
- **Scrivevo** una lettera.

Zusammengesetzte Zeiten (I tempi composti)

Die zusammengesetzten Zeiten werden, bei den Verben, die mit **avere** konjugiert werden, mit **avere** gebildet, **essere** steht bei den mit **essere** konjugierten Verben.

- **Ho scritto** una lettera.
- **Abbiamo scritto** una lettera.
- **È partito** alle sei di mattina.
- **Siamo venuti** insieme.

Es ist zu beachten, dass die deutschen Zeiten nicht einfach ins Italienische übertragen werden können. Die Auswahl der Zeiten im Italienischen ist danach zu treffen, welcher Sachverhalt (z. B. Vorgang, der in die Gegenwart reicht, zukünftiger Vorgang etc.) ausgedrückt werden soll.

	Presente	
Gegenwart	Zum Ausdruck gegenwärtiger Vorgänge, allgemein gültiger Tatsachen.	• **Scrivo** una lettera. • La terra **gira** intorno al sole.

	Imperfetto	Passato Prossimo	Passato Remoto
Vergangenheit	Zum Ausdruck von Vorgängen, die zu einem bestimmten Zeitpunkt der Vergangenheit nicht abgeschlossen, sondern im Verlauf waren.	Zum Ausdruck von Vorgängen, die in der Vergangenheit begonnen haben und in der Gegenwart noch andauern oder von Bedeutung sind.	Zum Ausdruck von Vorgängen der Vergangenheit, die völlig abgeschlossen sind. In der Umgangssprache wird hier häufig das passato prossimo verwendet.
	• Luigi **guardava** dalla finestra. • Paolo **leggeva** un libro.	• Oggi non **ho** ancora **visto** Luigi. (Heute **habe** ich Luigi noch nicht **gesehen** (der heutige Tag ist noch nicht vorbei).)	• Ieri mio zio **incontrò** mia madre al supermercato.

Vorvergangenheit

Trapassato Prossimo	Trapassato Remoto
Zum Ausdruck der Vorvergangenheit, d. h. eines Vorgangs, der beendet war bevor ein anderer, ebenfalls vergangener Vorgang einsetzte.	Zum Ausdruck der Vorvergangenheit, d. h. eines Vorgangs, der beendet war, bevor ein anderer, ebenfalls vergangener Vorgang einsetzte. Es steht meist nur noch nach Zeitbestimmungen wie **dopo che, appena**, **quando** etc.) und mit einem Hauptsatz im passato remoto.
• **Avevo terminato** il mio lavoro quando mia madre entrò. (Ich **hatte** meine Arbeit **beendet**, als meine Mutter hereinkam. (Die Arbeit war beendet, bevor die Mutter hereinkam.)	• Dopo che **ebbe detto** ciò, me ne andai. (Nachdem *er* das **gesagt hatte,** ging *ich*.)

Zukunft

Presente	Futuro Semplice	Futuro Anteriore
Zum Ausdruck der Zukunft, vor allem in Verbindung mit Zeitangaben, die in die Zukunft weisen (**domani, la settimana che viene, la settimana prossima** etc.).	Zum Ausdruck zukünftiger Vorgänge.	Zum Ausdruck eines zukünftigen Vorgangs, der zu einem bestimmten Zeitpunkt in der Zukunft abgeschlossen sein wird. Im Deutschen steht hier häufig das Perfekt.
• La settimana che viene **andiamo** a Roma. • Domani **devo** cominciare a lavorare alle sei.	• La settimana che viene **andremo** a Roma. • Domani **dovrò** cominciare a lavorare alle sei.	• **Avrò terminato** questo lavoro per domani. (Ich **werde** diese Arbeit bis morgen **beendet haben**; ich **habe** diese Arbeit bis morgen **beendet**.)

Zukunft

Presente	Futuro Semplice
Zum Ausdruck der Zukunft, vor allem mit Zeitangaben, die in die Zukunft weisen (**domani, la settimana che viene** etc.).	Zum Ausdruck zukünftiger Vorgänge.
• La settimana che viene **andiamo** a Roma.	• La settimana che viene **andremo** a Roma.

Futuro Anteriore	
Zum Ausdruck eines zukünftigen Vorgangs, der zu einem bestimmten Zeitpunkt in der Zukunft abgeschlossen sein wird. Im Deutschen steht hier häufig das Perfekt.	• **Avrò terminato** questo lavoro per domani. (Ich **werde** diese Arbeit bis morgen **beendet haben**; ich **habe** diese Arbeit bis morgen **beendet**.)

	Imperfetto	Passato Remoto
Gleichzeitig verlaufende/ aufeinander folgende Vorgänge	Zum Ausdruck gleichzeitig verlaufender, nicht abgeschlossener Vorgänge der Vergangenheit.	Zum Ausdruck aufeinander folgender Vorgänge der Vergangenheit. Der erste Vorgang ist abgeschlossen, bevor ein weiterer einsetzt.
	• Mentre io **scrivevo** una lettera, mio fratello **faceva** i suoi compiti.	• Mi **alzai** presto, **feci** colazione e **comprai** il giornale.
Noch andauernde/ neu eintretende Vorgänge	Zum Ausdruck eines noch andauernden Vorgangs, während ein anderer neu einsetzt. Der neu einsetzende Vorgang steht im passato remoto.	Zum Ausdruck eines neu eintretenden Vorgangs, während ein anderer noch andauert. Der noch andauernde Vorgang steht im imperfetto.
	• **Scrivevo** una lettera ed all'improvviso mia madre *entrò*.	• *Scrivevo* una lettera ed all'improvviso mia madre **entrò**.

Das Passiv (Il passivo)

Im Passiv vollzieht sich ein Vorgang am Subjekt, d. h. das Subjekt des Satzes ist nicht selbst der Handelnde, sondern der „Leidende". Daher wird das Passiv gelegentlich auch Leideform genannt.
Im Aktiv (l'attivo) ist das Subjekt selbst der Handelnde, es führt eine Handlung selbst aus (Tätigkeitsform, Tatform).

Das Passiv wird aus **essere** oder **venire** + participio passato gebildet. Das direkte Objekt des Aktivsatzes wird zum Subjekt des Passivsatzes. Der Urheber oder die Ursache der Handlung wird mit **da** angeschlossen oder weggelassen, wenn er oder sie unbekannt oder irrelevant ist.
Das Passiv mit **venire** (Vorgangspassiv) wird im Deutschen mit *werden,* das Passiv mit **essere** (Zustandspassiv) wird im Deutschen mit *sein* gebildet.

	Subjekt	Prädikat	Direktes Objekt
Aktiv	**Il portiere**	**apre**	**la porta.**
Vorgangspassiv	**La porta** Die Tür	**viene aperta** **wird** vom Hausmeister **geöffnet.**	**(dal portiere.)**
Zustandspassiv	**La porta** Die Tür	**è aperta.** **ist geöffnet.**	

Das participio passato des Passivsatzes richtet sich in Geschlecht und Zahl nach dem Subjekt, d. h. bei einem männlichen Subjekt endet es auf **-o**, bei mehreren auf **-i**. Bei einem weiblichen Subjekt endet es auf **-a,** bei mehreren auf **-e**. Bei einem, mehreren männlichen Subjekten und einem, mehreren weiblichen Subjekten endet das participio passato auf **-i**, selbst wenn unter mehreren weiblichen Subjekten nur ein männliches ist. Dies ist in der folgenden Konjugationstabelle durch **-o(a)** bzw. **-i(e)** dargestellt.

Subjekt/ Geschlecht	eine Person, Sache (1. - 3. Person Singular)	mehrere Personen, Sachen (1. - 3. Person Plural)
männlich	Paolo è invitat**o**. Paolo viene invitat**o**.	Paolo e Luigi sono invitat**i**. Paolo e Luigi vengono invitat**i**.
weiblich	Anna è invitat**a**. Anna viene invitat**a**.	Anna e Gianna sono invitat**e**. Anna e Gianna vengono invitat**e**.
männlich und weiblich	-	Paolo e Anna sono invitat**i**. Paolo e Anna vengono invitat**i**.

Die Konjugation passiver Formen mit essere

Mod.	Zeit	1. Person Singular	2. Person Singular	3. Person Singular
Ind.	Pres.	**sono** amato(a)	**sei** amato(a)	**è** amato(a)
	Imperf.	**ero** amato(a)	**eri** amato(a)	**era** amato(a)
	P. R.	**fui** amato(a)	**fosti** amato(a)	**fu** amato(a)
	P. P.	*sono* **stato(a)** amato(a)	*sei* **stato(a)** amato(a)	*è* **stato(a)** amato(a)
	T. P.	*ero* **stato(a)** amato(a)	*eri* **stato(a)** amato(a)	*era* **stato(a)** amato(a)
	T. R.	*fui* **stato(a)** amato(a)	*fosti* **stato(a)** amato(a)	*fu* **stato(a)** amato(a)
	F. S.	**sarò** amato(a)	**sarai** amato(a)	**sarà** amato(a)
	F. A.	*sarò* **stato(a)** amato(a)	*sarai* **stato(a)** amato(a)	*sarà* **stato(a)** amato(a)
Cond.	Pres.	**sarei** amato(a)	**saresti** amato(a)	**sarebbe** amato(a)
	Pass.	*sarei* **stato(a)** amato(a)	*saresti* **stato(a)** amato(a)	*sarebbe* **stato(a)** amato(a)
Cong.	Pres.	**sia** amato(a)	**sia** amato(a)	**sia** amato(a)
	Imperf.	**fossi** amato(a)	**fossi** amato(a)	**fosse** amato(a)
	Pass.	*sia* **stato(a)** amato(a)	*sia* **stato(a)** amato(a)	*sia* **stato(a)** amato(a)
	Tra.	*fossi* **stato(a)** amato(a)	*fossi* **stato(a)** amato(a)	*fosse* **stato(a)** amato(a)
Imp.	afferm.		**sii** amato(a)	**sia** amato(a)
	negat.		non **essere** amato(a)	non **sia** amato(a)
Inf.	Pres.	**essere** amato		
	Pass.	*essere* **stato** amato		
Part.	Pres.	-		
	Pass.	**stato** amato		
Ger.	Pres.	**essendo** amato		
	Pass.	*essendo* **stato** amato		

Die Konjugation passiver Formen mit venire

Mod.	Zeit	1. Person Singular	2. Person Singular	3. Person Singular
Ind.	Pres.	**vengo** amato(a)	**vieni** amato(a)	**viene** amato(a)
	Imperf.	**venivo** amato(a)	**venivi** amato(a)	**veniva** amato(a)
	P. R.	**venni** amato(a)	**venisti** amato(a)	**venne** amato(a)
	F. S.	**verrò** amato(a)	**verrai** amato(a)	**verrà** amato(a)
Cond.	Pres.	**verrei** amato(a)	**verresti** amato(a)	**verrebbe** amato(a)
Cong.	Pres.	**venga** amato(a)	**venga** amato(a)	**venga** amato(a)
	Imperf.	**venissi** amato(a)	**venissi** amato(a)	**venisse** amato(a)
Inf.	Pres.	**venire** amato		
Ger.	Pres.	**venendo** amato		

In den zusammengesetzten Zeiten kann **venire** nicht verwendet werden.

1. Person Plural			2. Person Plural			3. Person Plural		
	siamo	amati(e)		**siete**	amati(e)		**sono**	amati(e)
	eravamo	amati(e)		**eravate**	amati(e)		**erano**	amati(e)
	fummo	amati(e)		**foste**	amati(e)		**furono**	amati(e)
siamo	**stati(e)**	amati(e)	*siete*	**stati(e)**	amati(e)	*sono*	**stati(e)**	amati(e)
eravamo	**stati(e)**	amati(e)	*eravate*	**stati(e)**	amati(e)	*erano*	**stati(e)**	amati(e)
fummo	**stati(e)**	amati(e)	*foste*	**stati(e)**	amati(e)	*furono*	**stati(e)**	amati(e)
	saremo	amati(e)		**sarete**	amati(e)		**saranno**	amati(e)
saremo	**stati(e)**	amati(e)	*sarete*	**stati(e)**	amati(e)	*saranno*	**stati(e)**	amati(e)
	saremmo	amati(e)		**sareste**	amati(e)		**sarebbero**	amati(e)
saremmo	**stati(e)**	amati(e)	*sareste*	**stati(e)**	amati(e)	*sarebbero*	**stati(e)**	amati(e)
	siamo	amati(e)		**siate**	amati(e)		**siano**	amati(e)
	fossimo	amati(e)		**foste**	amati(e)		**fossero**	amati(e)
siamo	**stati(e)**	amati(e)	*siate*	**stati(e)**	amati(e)	*siano*	**stati(e)**	amati(e)
fossimo	**stati(e)**	amati(e)	*foste*	**stati(e)**	amati(e)	*fossero*	**stati(e)**	amati(e)
	siamo	amati(e)		**siate**	amati(e)		**siano**	amati(e)
non	**siamo**	amati(e)	non	**siate**	amati(e)	non	**siano**	amati(e)

1. Person Plural		2. Person Plural		3. Person Plural	
veniamo	amati(e)	**venite**	amati(e)	**vengono**	amati(e)
venivamo	amati(e)	**venivate**	amati(e)	**venivano**	amati(e)
venimmo	amati(e)	**veniste**	amati(e)	**vennero**	amati(e)
verremo	amati(e)	**verrete**	amati(e)	**verranno**	amati(e)
verremmo	amati(e)	**verreste**	amati(e)	**verrebbero**	amati(e)
veniamo	amati(e)	**veniate**	amati(e)	**vengano**	amati(e)
venissimo	amati(e)	**veniste**	amati(e)	**venissero**	amati(e)

Die indirekte Rede (Il discorso indiretto)

In der indirekten Rede werden Aussagen einer Person A durch eine Person B an eine dritte Person C weitergegeben.

	Direkte Rede	Indirekte Rede
Einleitung	Die direkte Rede wird durch Doppelpunkt eingeleitet und in Anführungszeichen gesetzt.	Die indirekte Rede wird nicht durch Doppelpunkt und Anführungszeichen gekennzeichnet. Sie wird durch ein Verb des Sagens und Denkens (**affermare, dire, pensare** etc.) und folgendes **che,** das nicht weggelassen oder durch Komma vom Einleitungssatz abgetrennt werden darf, eingeleitet.
	• Dice: «Vado a casa.» • Dice: «Ho scritto una lettera.»	• **Dice che** va a casa. • **Dice che** ha scritto una lettera.
Personenangaben	Die Änderung von Personenangaben hängt letztlich davon ab, wer eine Aussage an wen weitergibt. Im Allgemeinen werden die Personenangaben, die • den **Sprecher** betreffen, • den **Angesprochenen** betreffen, • eine **dritte Person** betreffen wie in nebenstehender Spalte aufgeführt, geändert.	Die in nebenstehender Spalte aufgeführten Personenangaben ändern sich meist wie folgt: • **1. Person** (der Sprecher gibt seine eigenen Worte wieder) • **2. Person** • **3. Person**
	• *(Io) dico*: «**(Io) voglio** incontrarti alla stazione.» • *(Egli) dice*: «**(Tu) devi** restare a letto.» • *(Tu) dici*: «**(Egli)** l'**incontra** in chiesa.»	• *(Io) dico* che **(io) voglio** incontrarti alla stazione. • *(Egli) dice* che **(tu) devi** restare a letto. • *(Tu) dici* che **(egli)** l'**incontra** in chiesa.
Zeitangaben	Die folgenden Zeitangaben ändern sich wie in nebenstehender Spalte aufgeführt.	Die in nebenstehender Spalte aufgeführten Zeitangaben ändern sich wie folgt. Zeitangaben, die zur selben Zeit wiedergegeben werden, bleiben unverändert.

	Direkte Rede	Indirekte Rede
	• **oggi** • **ieri** • **l'altro ieri** • **domani** • **dopodomani** • **l'anno, il mese** etc. **che viene** • **l'anno, il mese prossimo** etc. • **l'anno, il mese** etc. **passato**	• **il giorno precedente** • **il giorno anteriore** • **due giorni prima** • **il giorno dopo** • **due giorni dopo** • **l'anno, il mese** etc. **seguente** • **l'anno, il mese** etc. **seguente** • **l'anno, il mese** etc. **anteriore**
	• Dice:«**Domani** andrò a Milano.»	• Disse che sarebbe andato a Milano **il giorno dopo**.
Fragesätze	Fragesätze in der direkten Rede (direkte Fragesätze) werden mit einem Fragezeichen abgeschlossen.	Fragesätze in der indirekten Rede (indirekte Fragesätze) werden mit Punkt abgeschlossen und mit einem Verb wie **domandare, chiedere** etc. eingeleitet.
	• Dice: «Hai terminato il tuo lavoro**?**»	• **Domanda** se ho terminato il mio lavoro**.**
Fragen ohne Fragewort		Fragen ohne Fragewort der direkten Rede werden in indirekter Rede durch **se** eingeleitet. Die Wortstellung entspricht der des einfachen Aussagesatzes.
	• Dice: «Ha Luigi terminato il suo lavoro?»	• Domanda **se** Luigi ha terminato il suo lavoro.
Fragen mit Fragewort		Das Fragewort des direkten Fragesatzes wird in indirekter Rede übernommen. Die Wortstellung entspricht der des einfachen Aussagesatzes.
	• Dice: «**Chi** hai incontrato alla stazione?»	• Mi domanda **chi** ho incontrato alla stazione.

Die Zeitenfolge in der indirekten Rede

Bei der Umwandlung der direkten Rede in die indirekte Rede ändert sich ihre Zeit nur, wenn der Einführungssatz in einer Zeit der Vergangenheit (z. B. imperfetto, passato remoto, trapassato remoto) steht. Steht der Einführungssatz in einer Zeit der Gegenwart (z. B. presente, passato prossimo, futuro), wird in der indirekten Rede dieselbe Zeit verwendet wie in der direkten Rede.

Direkte Rede	Einführungssatz in der Vergangenheit	Indirekte Rede
Presente **Imperfetto**		**Imperfetto**
«**Compro** un libro.»	Disse che	**comprava** un libro.
«**Compravo** un libro.»	Disse che	**comprava** un libro.
Passato Remoto **Passato Prossimo** **Trapassato Prossimo** **Trapassato Remoto**		**Trapassato Prossimo**
«**Comprai** un libro.»	Disse che	**aveva comprato** un libro.
«**Ho comprato** un libro.»	Disse che	**aveva comprato** un libro.
«**Avevo comprato** un libro.»	Disse che	**aveva comprato** un libro.
«**Ebbi comprato** un libro.»	Disse che	**aveva comprato** un libro.
Futuro Semplice **Condizionale Presente**		**Condizionale Passato**
«**Comprerò** un libro.»	Disse che	**avrebbe comprato** un libro.
«**Comprerei** un libro.»	Disse che	**avrebbe comprato** un libro.
Futuro Anteriore **Condizionale Passato**		**Condizionale Passato**
«**Avrò comprato** un libro.»	Disse che	**avrebbe comprato** un libro.
«**Avrei comprato** un libro.»	Disse che	**avrebbe comprato** un libro.
Imperativo		**di + Infinito** **Congiuntivo Presente** **dovere + Infinito**
«**Compra** un libro.»	Mi disse	**di comprare** un libro.
«**Compra** un libro.»	Mi disse che	**compri** un libro.
«**Compra** un libro.»	Mi disse che	**devo comprare** un libro.

Das Konditional (Il condizionale)

Das Konditional steht vor allem in Nebensätzen, die eine Bedingung ausdrücken, dem Bedingungs-, Konditionalsatz. Sie werden meist durch die Konjunktion **se** eingeleitet.

Am häufigsten werden folgende Zeitenfolgen verwendet. Es ist zu beachten, dass in der Regel im Bedingungssatz kein futuro oder condizionale stehen darf.

Hauptsatz		Bedingungssatz (Se-Satz, Nebensatz)
Typ I: die Bedingung ist erfüllbar		
Futuro Semplice		**Presente**
Andrò a prenderti	se	**vieni** in tempo.
Ich **hole** dich **ab,**	wenn	du rechtzeitig **kommst.**
Typ II: die Erfüllung der Bedingung ist unwahrscheinlich aber möglich		
Condizionale Presente		**Congiuntivo Imperfetto**
Andrei a prenderti	se	**venissi** in tempo.
Ich **würde** dich **abholen**	wenn	du rechtzeitig **kämst/kommen würdest.**
Typ III: die Bedingung bleibt unerfüllt		
Condizionale Passato		**Congiuntivo Trapassato**
Sarei andato a prenderti	se	**fossi venuto** in tempo.
Ich **hätte** dich **abgeholt,**	wenn	du rechtzeitig **gekommen wärst.**
In der Umgangssprache wird statt des condizionale passato und des congiuntivo trapassato häufig das imperfetto eingesetzt.		
Imperfetto		**Imperfetto**
Andavo a prenderti	se	**venivi** in tempo.
Ich **hätte** dich **abgeholt,**	wenn	du rechtzeitig **gekommen wärst.**

Der Congiuntivo

Der congiuntivo (Möglichkeitsform) ist der Modus, mit dem ein Vorgang, Zustand als nicht wirklich, sondern als erwünscht dargestellt wird.
Der indicativo (Wirklichkeitsform) ist der Modus, mit dem ein Vorgang oder Zustand als tatsächlich oder wirklich dargestellt wird.
Der congiuntivo steht hauptsächlich im Nebensatz nach einleitendem **che**.

	Congiuntivo	Kein Congiuntivo
Wunsch, Verlangen	Zum Ausdruck des Wunsches, des Verlangens, der Aufforderung vor allem nach den folgenden Verben: • **augurare** • **preferire** • **desiderare** • **pregare** • **esigere** • **prescrivere** • **ordinare** • **volere**	
	• Il poliziotto *esige* che gli **dia** un documento.	
Verben des Sagens und Denkens	Nach den Verben des Sagens und Denkens, wenn der Nebensatz dem Hauptsatz vorangestellt wird. • **affermare** • **essere d'avviso** • **assicurare** • **pensare** • **capire** • **raccontare** • **credere** • **sapere** • **dire** • **sostenere** • **domandare**	Nach den Verben des Sagens und Denkens steht in der Regel der indicativo. • **affermare** • **essere d'avviso** • **assicurare** • **pensare** • **capire** • **raccontare** • **credere** • **sapere** • **dire** • **sostenere** • **domandare**
	• Che **abbia torto**, tutti lo *dicono*.	• Tutti *dicono* che **ha** torto.
Zweifel, Vermutung	Zum Ausdruck des Zweifels, der Vermutung steht der congiuntivo vor allem, wenn diese Verben fragend oder verneint verwendet werden.	Nach den Verben, die Zweifel, Unsicherheit ausdrücken, steht in der Umgangssprache häufig der indicativo.
	• *Non credo* che **superi** l'esame. • *Credi* che **superi** l'esame?	• *Credo* che **viene.** • *Non so di sicuro* se **viene.**
	Nach **dubitare** und **negare** steht der congiuntivo, wenn sie bejaht sind.	Nach **dubitare** und **negare** steht der indicativo, wenn sie verneint sind.
	• *Dubito* che **passi** l'esame. • *Dubitiamo* che **venga.**	• *Non dubito* che **passerà** l'esame.

	Congiuntivo	Kein Congiuntivo
Erlaubnis, Verbot	Zum Ausdruck der Erlaubnis, des Verbots, vor allem nach: • **ammettere** • **proibire** • **permettere** • **vietare**	
	• Tuo padre *permette* che **passi** le vacanze con i tuoi amici in Italia.	
Persönliches Empfinden	Zum Ausdruck des persönlichen Empfindens wie Hoffnung, Freude, Ärger, Furcht etc. vor allem nach: • **aver paura** • **rallegrarsi** • **piacere** • **essere sorpreso** • **preoccuparsi** • **temere**	
	• *Sono contento* che tu **abbia passato** l'esame.	
Unpersönliche Verben und Ausdrücke	Nach den unpersönlichen Verben und Ausdrücken, die die Unsicherheit, Wahrscheinlichkeit, Möglichkeit Notwendigkeit, den Zwang oder das persönliche Empfinden ausdrücken. • **non è certo** • **è necessario** • **non è chiaro** • **è bene/male** • **non è sicuro** • **è meglio** • **non è vero** • **è il meno** • **è (im)possibile** • **è peccato** • **è (im)probabile** • **è strano** • **sembra** • **è una vergogna** • **bisogna** • **mi (dis)piace** • **importa** • **mi rincresce**	Nach den unpersönlichen Verben und Ausdrücken, die Sicherheit, Tatsachen ausdrücken und nach den unpersönlichen Verben, die das Wetter beschreiben. • **è certo** • **fa caldo** • **è chiaro** • **fa freddo** • **è evidente** • **fa bel tempo** • **è sicuro** • **fa brutto tempo** • **è vero** • **nevica** • **piove** • **tuona**
	• *Non è certo* che **venga** domani. • *È possibile* che **venga** domani. • *È il meno* che lo **aiutiate.**	• *È certo* che **ha passato** l'esame. • *Nevica* tanto che non si **vede** a un passo.
Konjunktionen	Nach den folgenden Konjunktionen steht in der Regel der congiuntivo. • **finché** • **benché** • **fino a che** • **malgrado che** • **prima che** • **nel caso che** • **affinché** • **a condizione che** • **in modo che** • **supposto che** • **perché**	Die übrigen Konjunktionen stehen in der Regel mit dem indicativo.
	• *Malgrado* che non **abbia** molto tempo ti aiuterò.	• *Quando* **esce** di casa, i suoi figli cominciano a piangere.

Der Imperativ und die Höflichkeitsform (L'imperativo e la forma di cortesía)

Die Höflichkeitsform wird mit den Verbformen des indicativo presente oder zur besonders höflichen Anrede mit den Verbformen des condizionale presente ausgedrückt. Für Aufforderungen, Befehle stehen die Verbformen des Imperativs zur Verfügung.

Die Verbformen der 2. Person Singular bzw. Plural richten sich an eine bzw. mehrere Personen, die man duzt (du, ihr).
Im Italienischen wird unter Bekannten, Kollegen etc. die Du-, Ihr-Form sehr viel häufiger verwendet, als im Deutschen.
Die Form der 2. Person Plural wird vor allem in der Geschäftskorrespondenz sehr häufig verwendet.
Beim Imperativ werden die entsprechenden Personalpronomen meist weggelassen, sie stehen nur zur Hervorhebung. Sie werden dem Imperativ dann nachgestellt.

- Che cosa **hai fatto**?
  (Was **hast du gemacht**?)
- Mi **dareste** questo libro?
  (**Würdet ihr** mir dieses Buch **geben**?)
- **Informate**mi il più presto possibile, per favore.
  (Bitte **informieren Sie** mich so bald wie möglich.)
- **Leggi (tu)** questo testo.
  (**Lies** diesen Text!)
- **Leggete (voi)** questo testo.
  (**Lest** diesen Text!)

Die Verbformen der 3. Person Singular bzw. Plural richten sich an eine bzw. mehrere Personen, die man siezt (Sie).
Die Höflichkeitsformen der 3. Person Plural gelten als sehr formell, es werden viel häufiger die Formen der 2. Person Plural verwendet.

- Che cosa **ha fatto**?
  (Was **haben Sie** (eine Person) **gemacht**?)
- Mi **darebbe** questo libro?
  (**Würden Sie** mir dieses Buch **geben**?)
- Che cosa **hanno fatto**?
  (Was **haben Sie** (mehrere Personen) **gemacht**?)
- Mi **darebbero** questo libro?
  (**Würden Sie** mir dieses Buch **geben**?)
- **Legga (Lei)** questo testo.
  (**Lesen Sie** (eine Person) diesen Text!)
- **Leggano (Loro)** questo testo.
  (**Lesen Sie** (mehrere Personen) diesen Text!)

Der Imperativ der 1. Person Plural richtet sich an eine Gruppe von Personen.

- **Leggiamo (noi)** questo testo.
  (**Lesen wir** diesen Text!)

Dem verneinten Imperativ wird **non** vorangestellt. Die Verbformen entsprechen denen des bejahten Imperativs, außer in der 2. Person Singular, in der direkt der Infinitiv übernommen wird.

- **Non vendere (tu)** questa casa.
  (**Verkauf** dieses Haus **nicht**!)
- **Non legga (Lei)** questo testo.
  (**Lesen Sie** diesen Text **nicht**!)
- **Non leggete (voi)** questo testo.
  (**Lest** diesen Text **nicht**!)
- **Non leggano (Loro)** questo testo.
  (**Lesen Sie** diesen Text **nicht**!)

Der Infinitiv (L'infinito)

Der Infinitiv ist die Grundform des Verbs. Er steht als reiner Infinitiv (ohne Präposition) oder in Verbindung mit Präpositionen (meist **a, di, da**). Statt **a** kann vor Infinitiven, die mit Vokal und stummem (unausgesprochenem) -h beginnen, auch **ad** verwendet werden.

Der Infinitiv nach bestimmten Verben

	Reiner Infinitiv	Infinitiv + **a**
Modalverben	Nach den Modalverben sowie **fare** ((veran)lassen) und **lasciare** ((zu)lassen).	Wird **fare** als Vollverb verwendet, so steht der Infinitiv mit **a**.
	• *Devo* **far**lo subito. • *Vuole* **incontrar**la domani.	• *Faresti* meglio **a partire**. • Come si *fa* **a convincer**lo?

	Reiner Infinitiv	Infinitiv + **di**
Unpersönliche Verben	Nach den folgenden unpersönlichen Verben und nach unpersönlichen Ausdrücken aus **essere** + Adjektiv. • **basta** • **mi piace** • **bisogna**	Nach den folgenden unpersönlichen Verben und nach unpersönlichen Ausdrücken aus **essere** + Substantiv. • **capita** • **succede** • **pare**
	• *Bisogna* **essere** puntuali. • *Mi piace* **fare** una visita a lui. • *È meglio* **fare** questo lavoro subito. • *È impossibile* **saper** tutto.	• Gli *succede* spesso **di smarrire** la chiave. • Mi dice che non *è il caso* **di allarmarsi.**

	Infinitiv + **di**	Infinitiv + **a**
Verben des Sagens und Denkens	Nach den meisten Verben des Sagens und Denkens. • **affermare** • **permettere** • **capire** • **pregare** • **chiedere** • **proibire** • **consigliare** • **raccomandare** • **credere** • **raccontare** • **decidere** • **sapere** • **dire** • **sperare** • **domandare** • **supporre** • **pensare** • **vietare**	Nach den folgenden Verben des Sagens und Denkens. • **aiutare** • **obbligare** • **decidere** • **pensare** • **invitare** • **persuadere**
	• Mi *ha consigliato* **di afferrare** l'occasione.	• Puoi *aiutarmi* **a portare** questi pacchi?

	Reiner Infinitiv	
Verben der Sinneswahrnehmung	Nach den Verben der Sinneswahrnehmung.	• *Guardava* i bambini **giocare** nel giardino. • *Sento* **cinguettare** gli uccelli.

	Reiner Infinitiv	Infinitiv + **di**
Verben des persönlichen Empfindens	Nach den folgenden Verben des persönlichen Empfindens. • **desiderare** • **preferire** • **dispiacere** • **rincrescere**	Nach den folgenden Verben des persönlichen Empfindens. • **dispiacere** • **temere** • **rallegrarsi** • **vergognarsi** • **rincrescere**
	• Mi *è dispiaciuto* non **aver**la vista. • *Rincresco* **aver**La oltraggiata.	• Mi *è dispiaciuto* **di** non **aver**la vista. • *Mi rallegro* **di rincontrar**ti.

	Infinitiv + **a**	
Verben der Bewegung/ Ruhe	Nach den folgenden Verben der Bewegung(srichtung). • **andare** • **mandare** • **condurre** • **venire** • **correre**	Nach den folgenden Verben der Ruhe, des Verweilens, Innehaltens. • **esitare** • **stare** • **rimanere** • **tardare**
	• Mi *ha mandato* **a togliere** la sua macchina dal parcheggio.	• Luigi *ha esitato* a lungo **a chiamar**ti.

	Infinitiv + **a**	Infinitiv + **da**
Zweck, Ziel	Nach den Verben, die den Zweck, ein bestimmtes Ziel bezeichnen. • **cominciare** • **mettersi** • **continuare** • **preparare**	Nach **essere** und **avere** zum Ausdruck der Notwendigkeit, des Zwecks.
	• Luigi *ha continuato* **ad oltreggiar**lo.	• Non *è* **da raccomandare**. • *Era* **da prevedere.**

Der Infinitiv als Substantiv

Der Infinitiv wird zum Substantiv, wenn ihm der bestimmte Artikel vorangestellt wird. Als Subjekt steht er am Satzanfang.

- Fa *il* tuo **dovere**.
- Il guidice ha *il* **potere** di giudicare.
- **Dire** e **fare** sono due cose diverse.

Der Infinitiv + **da** steht zur Angabe des Zwecks, der Bestimmung.

- Mi sono comprato una *macchina* **da scrivere.**

Der Infinitiv nach Adjektiven

Die meisten Adjektive, besonders die des persönlichen Empfindens schließen den Infinitiv mit **di** an.

- Sono *certo* **di riuscire**.
- È *libero* **di fare** tutto quello che vuole.

Difficile, facile, interessante, pronto stehen mit dem Infinitiv + **a**.

- Siamo *pronti* **a partire**.
- È un metodo *facile* **a capirsi**.

Der Infinitiv an Stelle von Nebensätzen

Der Infinitiv steht an Stelle von Nebensätzen.
Der Infinitiv + **di** steht an Stelle von Nebensätzen, die den Zweck, den Grund, die Einräumung ausdrücken und an Stelle von Relativsätzen.
Der Infinitiv + **a** steht an Stelle von Nebensätzen, die die Zeit, den Zweck, den Grund, eine Bedingung ausdrücken.
Der Infinitiv + **da** steht an Stelle von Nebensätzen, die den Zweck, die Einräumung ausdrücken.

- Li pregò **di fare** silenzio.
  (Li pregò **che facessero** silenzio.)
- **Al vederlo**, Gianna sorrise.
  (**Quando lo vede**, Gianna sorrise.)
- Ho una sete **da morire.**
  (Ho tanta sete **che potrei morirne.**)

Das Gerundio

Das gerundio bezeichnet den Verlauf eines Vorgangs und ist stets unveränderlich. Es steht nach bestimmten Verben und an Stelle von Nebensätzen.

Das Gerundio nach bestimmten Verben

Das Gerundio nach stare

Zum Ausdruck, dass ein Vorgang gerade, im Moment des Sprechens stattfindet, steht **stare** + gerundio.

- I bambini *stanno* **giocando** in giardino.
  (Die Kinder **spielen gerade** im Garten.)
- Mio fratello *sta* **telefonando**.

Das Gerundio nach andare

Zum Ausdruck der allmählichen Entwicklung oder ständigen Wiederholung folgt das gerundio auf **andare**.

- *Vado* **preparando** l'esame da tre mesi.
  (Ich **bereite mich** seit 3 Monaten auf die Prüfung **vor**.)
- La maestra *va* sempre **cercando** i miei difetti.
  (Die Lehrerin **sucht immer** nach meinen Schwächen.)

Das Gerundio an Stelle von Nebensätzen

Das gerundio steht an Stelle von Nebensätzen.
Zum Ausdruck, dass ein Vorgang des Hauptsatzes gleichzeitig mit dem des Nebensatzes verläuft, steht es an Stelle von Nebensätzen der Zeit.
Zum Ausdruck der Vorzeitigkeit kann das gerundio passato stehen. In der gesprochenen Sprache wird meist nur noch das gerundio presente verwendet.

- **Giungendo** alla stazione, mi accorsi che avevo dimenticato il passaporto.
  (**Mentre giungevo** alla stazione, mi accorsi che avevo dimenticato il passaporto.)
- **Avendo vissuto** da dieci anni in città, ritornò in campagna.
- **Vivendo** da dieci anni in città, ritornò in campagna.

Die Partizipien (I participi)

Das Partizip Präsens (Il participio presente)

Das participio presente steht vor allem als Adjektiv und richtet sich nach der Zahl des Substantivs, auf das es sich bezieht.

- un pacchetto **pesante**
- una figura **prestante**
- pacchetti **pesanti**
- figure **prestanti**
- un pacchetto ed un sacchetto **pesanti**
- un pacchetto ed una borsa **pesanti**

Das Partizip Perfekt (Il participio passato)

Das participio passato steht als Verb und dient zur Bildung der zusammengesetzten Zeiten und des Passivs. Es richtet sich bei den mit **essere** konjugierten Verben in Geschlecht und Zahl nach dem Subjekt. Bei einem bzw. mehreren männlichen Subjekten endet es auf **–o** bzw. **-i**, bei einem bzw. mehreren weiblichen Subjekten endet es auf**–a** bzw. **–e**, bei mehreren Subjekten endet es nur auf **–i**.

- Paolo è **venut*o***.
- Paolo e Luigi sono **venut*i***.
- Anna è **venut*a***.
- Anna e Gianna sono **venut*e***.
- Paolo e Gianna sono **venut*i***.

Das participio passato steht in der Funktion eines Adjektivs und richtet sich in Geschlecht und Zahl nach dem Substantiv, auf das es sich bezieht.

- *L'uomo* è **sorpreso.**
- *La donna* è **sorpresa**.
- *Gli uomini* sono **sorpresi.**
- *Le donne* sono **sorprese.**
- *Gli uomini e le donne* sono **sorpresi.**

Die Partizipien an Stelle von Nebensätzen

Die Partizipien können an Stelle von Nebensätzen stehen.

- **Terminato** il lavoro, lo studente andò a casa.
  (Dopo che lo studente **aveva terminato** il lavoro andò a casa.)
- **Partito** presto di mattina, riuscì ad arrivare in tempo.
- Abbiamo già venduto tutti i dolci **fatti** da mia madre per lo spettacolo di beneficenza.

Die Angleichung des Partizip Perfekts bei avere (L'accordo del participio passato con **avere**)

Das Partizip Perfekt richtet sich bei den mit **essere** konjugierten Verben in Geschlecht und Zahl stets nach dem Subjekt, auf das es sich bezieht.
Bei den mit **avere** konjugierten Verben ist es meist unveränderlich. In den folgenden Fällen richtet es sich jedoch in Geschlecht und Zahl nach dem Substantiv, auf das es sich bezieht.

	Angleichung	Keine Angleichung
Vorangehendes direktes Objekt	Geht dem Partizip Perfekt ein direktes Objekt voran, so richtet es sich in Geschlecht und Zahl nach diesem. Das vorangehende direkte Objekt kann sein: 1. ein Personalpronomen, 2. das Relativpronomen **che,** 3. ein sonstiges direktes Objekt	Geht dem Partizip Perfekt kein direktes Objekt oder ein direktes Objekt der folgenden Formen voran, so bleibt es unverändert. 1. das Relativpronomen **che,** 2. ein sonstiges direktes Objekt
	• Gianna ha visto *Paola.* Gianna *l'(la)* ha **vista**. • *Le lettere che* Gianna ha **scritte.** • *Quanti libri* ha **venduti**?	• *Le lettere che* Gianna ha **scritto.** • *Quanti libri* ha **venduto**?
Reflexive Verben	Bei den reflexiven Verben, die immer mit **essere** konjugiert werden, richtet sich das Partizip Perfekt in Geschlecht und Zahl nach dem Subjekt. Ist das Reflexivpronomen indirektes Objekt, so kann sich das Partizip Perfekt auch nach dem direkten Objekt richten.	
	• *Carla* si è **lavata** le mani. • Carla si è **lavate** *le mani.*	
	Bei der Si-Konstruktion steht das Partizip Perfekt im Plural, wenn das Verb bei persönlicher Konstruktion mit **essere** konjugiert wird.	Bei der Si-Konstruktion wird das Partizip Perfekt nicht verändert, wenn das Verb bei persönlicher Konstruktion mit **avere** konjugiert wird.
	• Si è **andati** a cinema. (**andare + essere**)	• Si è **parlato** di te. (**parlare + avere**)

Der Artikel (L'articolo)

Der Artikel (Geschlechtswort) ist der Begleiter des Substantivs und gibt dessen Geschlecht und Zahl an.

Der bestimmte Artikel (L'articolo determinativo)

Der bestimmte Artikel bezeichnet ein oder mehrere bestimmte Substantive.

- **il** giorno - **i** giorni
- **la** tavola - **le** tavole

Der unbestimmte Artikel (L'articolo indeterminativo)

Der unbestimmte Artikel bezeichnet ein unbestimmtes Substantiv.

- **un** uomo
- **una** moglie

Der Teilungsartikel (L'articolo partitivo)

Der Teilungsartikel wird aus **di** + bestimmtem Artikel gebildet und bezeichnet eine unbestimmte Menge oder Anzahl.

- Per fare un dolce si prende **della** farina, **dello** zucchero, **del** burro, **delle** uova.

Die Formen der Artikel (Le forme degli articoli)

Vor	Nu.	Genus	Best. Artikel	Bestimmter Artikel + Präposition					Unbest. Artikel
				a	da	di	in	su	
Konsonant	Sing.	mask.	**il**	al	dal	del	nel	sul	**un**
		fem.	**la**	alla	dalla	della	nella	sulla	**una**
	Plur.	mask.	**i**	ai	dai	dei	nei	sui	-
		fem.	**le**	alle	dalle	delle	nelle	sulle	-
Vokal	Sing.	mask.	**l'**	all'	dall'	dell'	nell'	sull'	**un**
		fem.	**l'**	all'	dall'	dell'	nell'	sull'	**un'**
	Plur.	mask.	**gli**	agli	dagli	degli	negli	sugli	-
		fem.	**le**	alle	dalle	delle	nelle	sulle	-
s- + Kon., **z-, gn-**	Sing.	mask.	**lo**	allo	dallo	dello	nello	sullo	**uno**
		fem.	**la**	alla	dalla	della	nella	sulla	**una**
	Plur.	mask.	**gli**	agli	dagli	degli	negli	sugli	-
		fem.	**le**	alle	dalle	delle	nelle	sulle	-

Der bestimmte und unbestimmte Artikel (L'articolo determinativo e l'articolo indeterminativo)

	Bestimmter Artikel	Kein Artikel
Eigennamen	Näher bestimmte Eigennamen (zum Beispiel durch ein Adjektiv).	Nicht näher bestimmte Eigennamen stehen in der Regel ohne Artikel.
	• **La** *bella Roma* è la mia città preferita.	• *Roma* è bella. • *Maria* è gentile.
Personen-, Familiennamen	Näher bestimmte Personennamen und Familiennamen, vor allem solche, die Frauen bezeichnen und die im Plural stehen. Der Familienname steht nicht im Plural.	Familiennamen, die Männer bezeichnen und nicht näher bestimmte Personennamen.
	• **La** *piccola Anna* è mia amica. • **La** *Bianchi* è molto scortese. • **Il** *Rossi* è molto avaro. • **I** *Domingo* sono miei amici.	• *Anna* ha scritto una lettera. • *Luigi* è già partito. • *Rossi* è molto avaro.
Verwandtschaftsbezeichnungen	Verwandtschaftsbezeichnungen + Personen- oder Familienname.	
	• **La** *zia Anna* e **lo** *zio Luigi* sono miei padrini.	
Titel, Berufsbezeichnungen	Titel und Berufsbezeichnungen, auf die ein Eigenname folgt, stehen mit dem bestimmten Artikel. Dies gilt auch für **signor(e), signora.** Bei Titeln auf **-re** entfällt das Endungs-**e**, wenn ein Name folgt.	Titel und Berufsbezeichnungen in der Anrede. Dies gilt auch für **signor(e), signora.** Bei Titeln auf **-re** entfällt das Endungs-**e**, wenn ein Name folgt.
	• **Il** *re* Umberto I morì nel 1900. • **Il** *dottor Rossi* mi ha operato allo stomaco. • **Il** *signor Rossi* è un uomo molto gentile.	• Buon giorno *dottore.* • Buon giorno, *dottor Rossi.* • *Signor Rossi*, mi informi il più presto possibile.

	Bestimmter Artikel	Kein Artikel
Geografische Namen	Geografische Namen wie die Namen von Erdteilen, Ländern, großer Inseln, näher bestimmten kleinen Inseln, Meeren, Flüssen, Seen, Gebirgen und Bergen und näher bestimmten Städten. Bei einigen Städtenamen gehört der Artikel zum Namen.	Geografische Namen wie die Namen von Erdteilen, Ländern nach der Präposition **in**, die Namen von kleinen Inseln und von Städten.
	• Susanna conosce **l'***Italia* molto bene. • **La** *bella Capri* è un'isola dove molti turisti passano le vacanze. • **La** *Roma* del medioevo m'interessa molto. • **Il Cairo** è la capitale d'Egitto.	• Prima siamo andati *in Europa* e dopo *in Asia.* • Il *Consiglio d'Europa* ha la sua sede a Strasburgo. • *Capri* è un'isola dove molti turisti passano le vacanze. • *Roma* è una città antica.
Zeitangaben	Die Namen der Jahreszeiten, näher bestimmte Monatsnamen, Wochentage zum Ausdruck der regelmässigen Wiederkehr, Tages-, Uhrzeiten sowie Jahreszahlen.	Mit einer Präposition verbundene Jahreszeiten und Tageszeiten, nicht näher bestimmte Monatsnamen, Wochentage, wenn nicht die regelmäßige Wiederkehr ausgedrückt wird, die Feiertage, Jahreszahlen im Datum des Briefkopfes.
	• La mia famiglia passa **l'***estate* sempre in campagna. • Ci siamo sposato **nel** *bel maggio.* • **I** *venerdì* non si lavora in questa ditta. (**Freitags** wird in dieser Firma nicht gearbeitet.) • Era **la** *mattina* del 15 aprile. • Sono **le** *dieci* e trenta. • **Il** *1989* è stato l'anno della rinunificazione della Repubblica Federale di Germania con la Repubblica Democratica di Germania.	• *In estate* siamo sempre nel nord d'Italia. • In *luglio* siamo sempre in campagna. • Partirò *mercoledì.* (Ich werde **am** *Mittwoch* abreisen.) • A *Natale* andiamo in vacanza in Toscana. • Ha abbandonato l'ufficio *a mezzogiorno.* • Roma, *1 dicembre 1994*

	Bestimmter Artikel	
Körperteile, Kleidung	Körperteile und Kleidungsstücke stehen, im Gegensatz zum Deutschen, vor allem in Verbindung mit **avere** mit dem bestimmten Artikel.	• Anna ha **gli** *occhi* scuri. (Anna hat dunkle *Augen.*) • Porta **i** *pantaloni* strappati. (Er hat zerrissene *Hosen* an.)

Der Teilungsartikel (L'articolo partitivo)

Der Teilungsartikel (**di** + bestimmter Artikel) steht zur Bezeichnung einer unbestimmten Menge oder Anzahl aus einem Ganzen.

	Teilungsartikel	Kein Teilungsartikel
In bejahten Sätzen	Zur Bezeichnung einer unbestimmten Menge oder Anzahl steht der Teilungsartikel in bejahten Sätzen.	Ist nicht ausdrücklich die unbestimmte Menge als Teil eines Ganzen, sondern die Sache an sich gemeint, entfällt der Teilungsartikel.
	• Per fare un dolce si prende **della** *farina,* **dello** *zucchero,* **delle** *uova* e **del** *burro.*	• Prende *caffè, tè* o *latte?* • A pranzo mangiamo sempre *pane.* • Ho comprato *libri.*
In verneinten und fragenden Sätzen		In verneinten und fragenden Sätzen entfällt der Teilungsartikel.
		• Non prendo né *caffè* né *tè.* • Prende *pane* a pranzo?
Mengenangaben		Nach Mengenangaben und Substantiven, die die Menge, das Maß bezeichnen, steht nur **di.** • **un chilo** • **un sacco** • **un litro** • **una tazza** • **un metro**
		• Ho comprato un *chilo di mele* e due *litri di latte.*
Präpositionen		Nach Präpositionen fällt der Teilungsartikel meist weg.
		• Un dolce è fatto *con farina,* zucchero, uova e burro.

Geschlecht und Zahl des Substantivs (Genere e numero del nome)

Die italienische Sprache unterscheidet zwischen männlichem bzw. maskulinem (maschile) und weiblichem bzw. femininem (femminile) Geschlecht (Genus) bei Substantiven. Das Italienische kennt kein sächliches Geschlecht (neutrum) wie das Deutsche (das).
Da von dem Geschlecht eines deutschen Substantivs nicht auf das des italienischen Substantivs geschlossen werden kann, empfiehlt es sich das Geschlecht eines Substantivs von Anfang an mitzulernen.

Generell entspricht das grammatische Geschlecht bei Personen dem natürlichen Geschlecht. Einige Substantive stehen sowohl für Männer als auch für Frauen, einige Substantive haben für Männer und Frauen unterschiedliche Bezeichnungen, einige Substantive sind für Männer und Frauen gleich, haben jedoch unterschiedliches Geschlecht und unterschiedliche Bedeutung.

- *La signora Bianchi* è **un medico** molto rispettato.
- *Il signor Rossi* è **un uomo** gentile.
- *La signora Rossi* è **una donna** gentile.
- La moglie del Signor Rossi ha **un amante.**
  (Die Frau von Herrn Rossi hat **einen Gebliebten.**)
- Il marito della Signora Rossi ha **un'amante**.
  (Der Mann von Frau Rossi hat **eine Geliebte.**)

Bei Tieren entspricht das grammatische Geschlecht generell ebenfalls dem natürlichen. Bei vielen Tiernamen steht der männliche Name für beide Geschlechter bei einigen Tiernamen leitet sich der weibliche direkt vom männlichen ab oder es existieren unterschiedliche Bezeichnungen.

- **il coccodrillo (maschio)**
- **le coccodrillo (femmina)**
- **il gatto – la gatta**
  (der Kater – die Katze)
- **il cane – la cagna**
  (der Hund – die Hündin)

Der Numerus (Zahl) bezeichnet den Singular (Einzahl) oder Plural (Mehrzahl).
Männliche Substantive enden im Plural auf **–i**. Weibliche Substantive auf **–a** enden im Plural in der Regel auf **–e**, weibliche Substantive auf **–e** enden im Plural auf **–i.**

Einige Substantive haben im Singular und Plural dieselbe Form, einige kommen nur im Singular, einige nur im Plural vor und stehen folglich auch mit einem Verb im Singular bzw. Plural.

- **Il film** fu un gran successo.
- **I film** furono grandi successi.
- **L'età** di queste ossa è di due millioni di anni.
  (Das Alter dieser Knochen ist 2 Millionen Jahre.)
- Può darmi **le forbici** che sono sulla tavola?
  (Kannst du mir **die Schere**, die auf dem Tisch liegt, geben.)
- **La gente** *è arrivata* un'ora fa.

Einige männliche Substantive wie **il braccio, il ciglio, il corno, il labbro, il muro, il membro, l'osso** haben eine Pluralform auf **–i** und eine auf **–a** (meist Grundbedeutung).

- **I musicisti hanno suonato i corni.**
- Il toro ha **le corna** grandi.

Geschlecht und Zahl des Adjektivs (Genere e numero dell'aggettivo)

Das Adjektiv (Eigenschafts-, Wiewort) drückt eine Eigenschaft aus. Es steht unmittelbar beim Substantiv (attributives Adjektiv) oder wird durch ein Verb (meist **essere**) mit dem Substantiv verbunden (prädikatives Adjektiv).
Das Adjektiv richtet sich wie das participio passato in Geschlecht und Zahl nach dem Substantiv, auf das es sich bezieht. In der Regel erhält das Adjektiv in der männlichen Form ein **-o** und im Plural meist ein **–i**, bei der weiblichen Form endet es auf **–a** und im Plural auf **–e**. Die folgende Tabelle gibt eine Übersicht über die unregelmäßigen Endungen.

Maskulin Singular	Maskulin Plural	Feminin Singular	Feminin Plural
-co	**-chi, -ci**	**-ca**	**-che**
-cio	**-ci**	**-cia**	**-cie**
-e	**-i**	**-e**	**-i**
-go	**-ghi**	**-ga**	**-ghe**
-gio	**-gi**	**-gia**	**-gie**
-io	**-i, -ii**	**-ia**	**-ie**
-ista	**-isti**	**-ista**	**-iste**
-o	**-i**	**-a**	**-e**

Adjektive auf –**co** enden im Plural auf **–chi**, wenn sie auf der vorletzten Silbe betont werden, auf der drittletzten Silbe betonte Adjektive auf **–co** enden im Plural auf **–ci**.
Einige Adjektive haben besondere Formen.

Adjektiv	Nu.	Genus	Vor Vokal	Vor Konsonant	**s-** + Konsonant, **gn-, pn-, ps-, x-, z-**
buono	Sing.	mask.	**buon**	**buon**	**buono**
		fem.	**buona, buon'** (vor **a-**)	**buona**	**buona**
	Plur.	mask.	**buoni**	**buoni**	**buoni**
		fem.	**buone**	**buone**	**buone**
bello	Sing.	mask.	**bell'**	**bel**	**bello**
		fem.	**bella, bell'** (vor **a-**)	**bella**	**bella**
	Plur.	mask.	**begli**	**bei**	**begli**
		fem.	**belle, bell'** (vor **e-**)	**belle**	**belle**

Die Steigerung des Adjektivs (Gradi dell'aggettivo qualificativo)

Positiv (Positivo)

Der Positiv ist die Grundstufe des Adjektivs. Er drückt aus, dass zwei oder mehr Wesen oder Dinge in Bezug auf eine Eigenschaft gleich sind; gleicher Grad.

- Paolo e Luigi sono **alti.**
- Anna e Gianna sono **alte.**

Komparativ (Comparativo)

Der Komparativ drückt aus, dass zwei Wesen oder Dinge in Bezug auf eine Eigenschaft ungleich sind; ungleicher Grad.
Im Vergleichssatz wird der Komparativ mit **di** vor Substantiven und Pronomen und mit **che** vor Verben (im Deutschen mit *als*) angeschlossen.

- Mio fratello è **più alto**.
  (Mein Bruder ist **größer**.)
- Il signor Rossi è **meno gentile.**
  (Herr Rossi ist **weniger freundlich**.)
- Mia sorella è **più vecchia di** *me.*
- Oziare è **più bello che** *lavorare.*

Steigerung:	**più + Adjektiv (di, che)**
Verminderung:	**meno + Adjektiv (di, che)**

Relativer Superlativ (Superlativo relativo)

Der Superlativ drückt aus, dass von mindestens drei Wesen oder Dingen einem der höchste Grad einer Eigenschaft zukommt; höchster Grad.

- Mio fratello è **il più alto** nella nostra famiglia.
  (Mein Bruder ist **der größte** in unserer Familie.)
- Queste donne sono **le meno gentili** di tutti i nostri vicini.

Numerus	Genus	Steigerung	Verminderung
Singular	maskulin	**il più + Adjektiv**	**il meno + Adjektiv**
	feminin	**la più + Adjektiv**	**la meno + Adjektiv**
Plural	maskulin	**i più + Adjektiv**	**i meno + Adjektiv**
	feminin	**le più + Adjektiv**	**le meno + Adjektiv**

Absoluter Superlativ (Superlativo assoluto)

Der absolute Superlativ drückt einen sehr hohen Grad einer Eigenschaft aus und wird durch Anhängen der Endung **-issimo** an das um den Endvokal verkürzte Adjektiv gebildet.
Bei Adjektiven, die den absoluten Superlativ nicht bilden können, wird **molto, tanto, tutto** oder **arci-, stra-, sopra-** + Adjektiv verwendet.

- Questo giardino è **grandissimo**.
  (Dieser Garten ist **sehr, äußerst, überaus groß**.)
- Questa camera è **piccolissima**.
- Questi libri sono **interessantissimi**.
- Queste macchine sono **carissime.**
- Questo animale è **molto grande**.
- Sono **stanco morto**.
  (Ich bin **todmüde**.)
- È **arcistupido**.
  (Er ist **erzdumm.**)

Nu.	Genus	Adjektiv	Adjektiv auf **-co**	Adjektiv auf **-go**
Sing.	mask.	**Adjektiv + -issimo**	**Adjektiv + -chissimo**	**Adjektiv + -ghissimo**
	fem.	**Adjektiv + -issima**	**Adjektiv + -chissima**	**Adjektiv + -ghissima**
Plur.	mask.	**Adjektiv + -issimi**	**Adjektiv + -chissimi**	**Adjektiv + -ghissimi**
	fem.	**Adjektiv + -issime**	**Adjektiv + -chissime**	**Adjektiv + -ghissime**

Unregelmäßig gesteigerte Adjektive

Positiv		Komparativ	Relativer Superlativ	Absoluter Superlativ
buono	(gut(herzig))	**più buono**	**il più buono**	**buonissimo**
	(gut)	**migliore**	**il migliore**	**ottimo**
cattivo	(schlecht (bösartig))	**più cattivo**	**il più cattivo**	**cattivissimo**
	(schlecht)	**peggiore**	**il peggiore**	**pessimo**
alto	(hoch)	**più alto**	**il più alto**	**altissimo**
	(oberer; besser)	**superiore**	**il superiore**	**supremo**
basso	(niedrig)	**più basso**	**il più basso**	**bassissimo**
	(unterer; schlecht)	**inferiore**	**l'inferiore**	**infimo**
grande	(groß)	**più grande**	**il più grande**	**grandissimo**
	(alt; bedeutend)	**maggiore**	**il maggiore**	**massimo**
piccolo	(klein)	**più piccolo**	**il più piccolo**	**piccolissimo**
	(jung; gering)	**minore**	**il minore**	**minimo**

Die Stellung des Adjektivs (La posizione dell'aggettivo)

In der Regel wird das Adjektiv dem Substantiv, das es näher bestimmt, nachgestellt. In einigen Fällen kann das Adjektiv dem Substantiv auch vorangestellt werden.

	Adjektive vor dem Substantiv	Adjektive nach dem Substantiv
Kurze/ lange Adjektive	Häufig verwendete, kurze Adjektive wie **molto, poco** und **tutto** stehen meist vor dem Substantiv.	Lange, mehrsilbige Adjektive und Adjektive, die eine Beifügung bei sich haben. Dies gilt auch für mehrere Adjektive.
	• Ha letto **molti** *libri.* • Ha **poco** *tempo.*	• L'Italia è un *paese* **meraviglioso.** • Questa *macchina* è troppo **cara.** • Paolo è un *ragazzo* **amabile, gentile** ed **intelligente.**
Hervorgehobene Adjektive	Die folgenden Adjektive werden dem Substantiv vorangestellt, wenn sie nicht besonders betont sind. • **bello** • **grande** • **brutto** • **lungo** • **buono** • **nuovo** • **cattivo** • **piccolo** • **giovane** • **vecchio**	Die folgenden Adjektive werden dem Substantiv zur Hervorhebung nachgestellt. • **bello** • **grande** • **brutto** • **lungo** • **buono** • **nuovo** • **cattivo** • **piccolo** • **giovane** • **vecchio**
	• La signora Bianchi è una **bella** *donna.* (Frau Bianchi ist eine **schöne** Frau.)	• La signora Bianchi è una *donna* **bella.** (Frau Bianchi ist eine **besonders schöne** Frau.)
Voran- und nachgestellte Adjektive	Dem Substantiv vorangestellt, haben die folgenden Adjektive übertragene Bedeutung. • **alto** (hochrangig) • **antico** (ehemalig) • **caro** (lieb) • **certo** (gewisser) • **grande** (bedeutend) • **povero** (bedauernswert) • **semplice** (nur) • **solo** (einzig) • **vero** (wirklich)	Dem Substantiv nachgestellt, behalten die folgenden Adjektive ihre ursprüngliche Bedeutung. • **alto** (hoch, groß) • **antico** (sehr alt) • **caro** (teuer) • **certo** (sicher) • **grande** ((körperlich) groß) • **povero** (arm, mittellos) • **semplice** (einfach) • **solo** (allein stehend) • **vero** (echt)
	• Ieri ho incontrato un **certo** *signor Rossi.*	• La *cosa* **certa** è che non supererà l'esame.

Das Adverb (L'avverbio)

Das Adverb (Umstandswort) dient zur näheren Bestimmung von Verben, Adjektiven, Adverbien, ganzen Satzinhalten. Es ist unveränderlich und dient zur Definition der Art und Weise (avverbio di modo), des Ortes (avverbio di luogo), der Zeit (avverbio di tempo), der Menge (avverbio di quantità) und des Grades, der Intensität (avverbio d'intensità).

Ursprüngliche Adverbien (Avverbi semplici)

Die ursprünglichen Adverbien haben keine besondere Form.

- Ho dormito **bene**.
- È venuto **qui.**

Abgeleitete Adverbien (Avverbi derivati)

Abgeleitete Adverbien hängen generell an die weibliche Form des Adjektivs die Endung **-mente** an.

- Lavora **intensamente**.
- Si può capire **facilmente** questa regola.

	Adjektiv auf		Adverb auf		
Männliche Form des Adjektivs auf **-o**	cert cert	**o** **a**	cert	**a**	**mente**
Männliche und weibliche Form des Adjektivs auf **-e**	veloc	**e**	veloc	**e**	**mente**
Männliche und weibliche Form des Adjektivs auf **–le, -re.**	faci particola	**le** **re**	faci particola	**l** **r**	**mente** **mente**

Die Adverbien der Adjektive **buono** und **cattivo** lauten **bene** und **male**.

Die Adverbien stehen in den einfachen und zusammengesetzten Zeiten in der Regel nach dem Verb bzw. Prädikat.

- Anna *lavora* **tanto.**
- Anna *ha lavorato* **tanto.**

Die Adverbien stehen in der Regel vor Adjektiven oder anderen Adverbien.

- Il problema è **troppo** *difficile*.
- Peter parla **molto** *bene* l'italiano.

Zur Hervorhebung können die Adverbien der Zeit, des Ortes an den Satzanfang, das Satzende treten.

- **Ieri** ho incontrato tua sorella.
- Ho incontrato tua sorella **ieri.**

Die Steigerung des Adverbs (Gradi dell'avverbio)

Positiv (Positivo)

Der Positiv ist die Grundstufe des Adverbs. Er drückt aus, dass zwei oder mehr Wesen oder Dinge in Bezug auf ein Merkmal gleich sind; gleicher Grad.

- Anna e Gianna cantano **meravigliosamente**.
  (Anna und Gianna singen **wunderbar**.)
- Paolo e Luigi si comportano **correttamente**.

Komparativ (Comparativo)

Der Komparativ drückt aus, dass zwei Wesen oder Dinge in Bezug auf ein Merkmal ungleich sind; ungleicher Grad.

- Anna canta **più appassionatamente.**
  (Anna singt **leidenschaftlicher**.)
- Questi libri si leggono **meno facilmente.**
  (Diese Bücher lesen sich **weniger leicht**.)

Steigerung:	**più + Adverb**
Verminderung:	**meno + Adverb**

Absoluter Superlativ (Superlativo assoluto)

Der absolute Superlativ drückt einen sehr hohen Grad aus und wird durch Anhängen der Endung **-issimamente** an das um den Endvokal verkürzte Adjektiv gebildet.
Der absolute Superlativ klingt schwerfällig und wird daher meist durch **molto, assai, tutto** umschrieben.
Es gibt keinen relativen Superlativ.

- Si può risolvere questo problema **facilissimamente**.
  (Man kann dieses Problem **sehr/überaus/äußerst einfach** lösen.)
- Si può risolvere questo problema **molto facilmente.**
- Si può risolvere questo problema **assai facilmente.**

Unregelmäßig gesteigerte Adverbien

Positiv	Komparativ	Superlativ
bene (gut)	**meglio**	**benissimo**
male (schlecht)	**peggio**	**malissimo**
molto (viel)	**più**	**moltissimo**
poco (wenig)	**meno**	**pochissimo**

Die Grundzahlen (I numeri cardinali)

Die folgende Aufstellung stellt die Grundzahlen im Überblick dar. Dabei sind bei Zusammensetzungen aus Einern und Zehnern und Hundertern und Tausendern einige Beispiele gegeben, die aufzeigen, wie andere Zahlen dieser Art zusammengesetzt werden.

Einer	Zehner		Hunderter, Tausender
0 zero	**10 dieci**	**20 venti**	**100 cento**
1 uno	**11 undici**	21 ventuno	101 centouno
2 due	**12 dodici**	22 ventidue	102 centodue
3 tre	**13 tredici**	23 ventitré	103 centotré ...
4 quattro	**14 quattordici**	24 ventiquattro	108 centootto ...
5 cinque	**15 quindici**	25 venticinque	200 duecento
6 sei	**16 sedici**	26 ventisei	300 trecento ...
7 sette	**17 diciassette**	27 ventisette	**1.000 mille**
8 otto	**18 diciotto**	28 ventotto	1.001 milleuno ...
9 nove	**19 diciannove**	29 ventinove	1.002 milledue ...
		30 trenta	2.000 duemila ...
		40 quaranta	3.000 tremila ...
		50 cinquanta	**100.000 centomila ...**
		60 sessanta	200.000 duecentomila ...
		70 settanta	300.000 trecentomila ...
		80 ottanta	**1.000.000 un milione ...**
		90 novanta	2.000.000 due milioni ...
			3.000.000 tre milioni ...
			10^9 un miliardo ...

Uno hat vor Substantiven dieselben Formen wie der unbestimmte Artikel.

Die Ordnungszahlen (I numeri ordinali)

Einer	Zehner		Hunderter, Tausender	
	10° decimo	**20° ventesimo**	**100°**	**centesimo**
1° primo	**11° undicesimo**	21° ventunesimo	101°	centounesimo
2° secondo	**12° dodicesimo**	22° ventiduesimo	102°	centoduesimo ...
3° terzo	**13° tredicesimo**	23° ventitreesimo	200°	du(e)centesimo ...
4° quarto	**14° quattordicesimo**	24° ventiquattresimo	300°	trecentesimo ...
5° quinto	**15° quindicesimo**	25° venticinquesimo	**1.000°**	**millesimo**
6° sesto	**16° sedicesimo**	26° ventiseiesimo	1.001°	millesimo primo
7° settimo	**17° diciasettesimo**	27° ventisettesimo	1.002°	millesimo secondo ...
8° ottavo	**18° diciottesimo**	28° ventottesimo	2.000°	duemillesimo ...
9° nono	**19° diciannovesimo**	29° ventinovesimo	3.000°	tremillesimo ...
		30° trentesimo	**100.000°**	**centomillesimo ...**
		40° quarantesimo	200.000°	duecentomillesimo ...
		50° cinquantesimo	300.000°	trecentomillesimo ...
		60° sessantesimo	**1.000.00°**	**milionesimo ...**
		70° settantesimo	2.000.00°	duemilionesimo ...
		80° ottantesimo	3.000.00°	tremilionesimo ...
		90° novantesimo	10^{9}°	**miliardesimo ...**

Die Ordnungszahlen stehen mit dem bestimmten Artikel und richten sich in Geschlecht und Zahl nach dem Wort, auf das sie sich beziehen. Als Ziffer geschrieben, wird der Ordnungszahl für männliche Substantive ° und für weibliche ª hinzugefügt. Es steht kein Punkt wie im Deutschen.

- Abito *al* **terzo** *piano*, al numero 5 di via Mulino.
- I miei genitori si siedono *alla* **prima** *tavola*.
- Abito al **3°** (terz**o**) piano.
- I miei genitori si siedono alla **1ª** (prim**a**) tavola.

Die Bruchzahlen (I numeri frazionari)

Gemeine Brüche (Le frazioni comuni)

Für die gemeinen Brüche gilt die Formel:

$$\frac{\text{Zähler}}{\text{Nenner}} = \frac{\text{Grundzahl}}{\text{Ordnungszahl}}$$

Ist die Grundzahl > 1, so steht die Ordnungszahl im Plural und richtet sich im Geschlecht nach ihrem Bezugswort.

- **$\frac{1}{5}$ $\frac{\text{un}}{\text{quinto}}$**
- **$\frac{3}{7}$ $\frac{\text{tre}}{\text{settimi}}$**

Bei Brüchen, die eine ganze Zahl enthalten, wird zwischen der ganzen Zahl und dem Bruch **e** eingefügt.

- **2 2/5 due e due quinti**
- **1 1/2 uno e mezzo**
- **3 1/2 tre e mezzo**

1/2, mezzo steht ohne Artikel, alle anderen Brüche mit einer 1 im Zähler stehen mit dem unbestimmten Artikel.
Vorangestelltes **mezzo** richtet sich in Geschlecht und Zahl nach dem folgenden Substantiv, nachgestelltes **mezzo** ist unveränderlich.

- Questo pacchetto pesa **mezzo (1/2)** chilogrammo.
  (Dieses Paket wiegt **ein halbes** Kilo.)
- Ho comprato due **mezzi** *litri* di latte.
- Ho comprato due *metri* e **mezzo** di questa stoffa.

Bei Maßangaben wird die Bruchzahl dem Bestimmungswort nachgestellt.

- Ogni sera, il signor Rossi beve un *litro* e **un quarto** di vino.

Dezimalbrüche (Le frazioni decimali)

Für die Dezimalbrüche gilt die Formel: **Grundzahl Komma Grundzahl**

Die Ziffern nach dem Komma werden in der Regel nicht einzeln gesprochen.

- **3,23 tre virgola ventitré**
- **52,45 cinquantadue virgola quarantacinque**

Die Uhrzeit (L'ora)

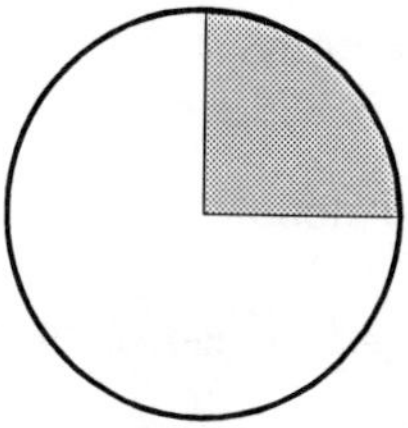

un quarto d'ora

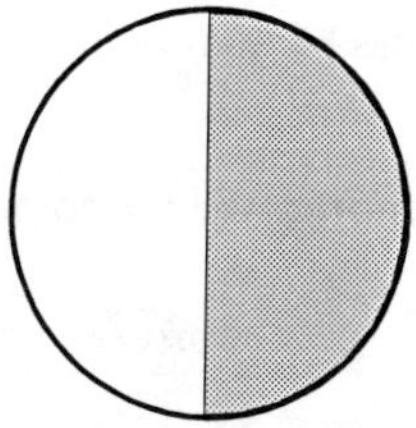

mezz'ora

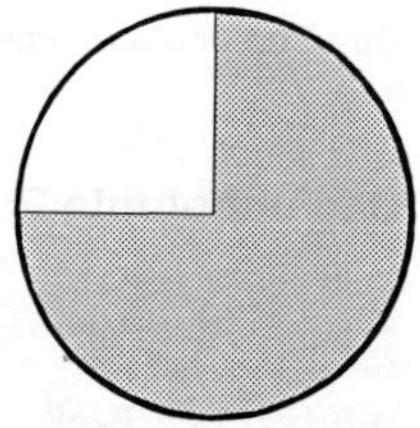

tre quarti d'ora

Che ora è?/Che ore sono?

È la una e un quarto,
è la una e quindici.

Sono le due e trenta,
sono le due e mezzo.

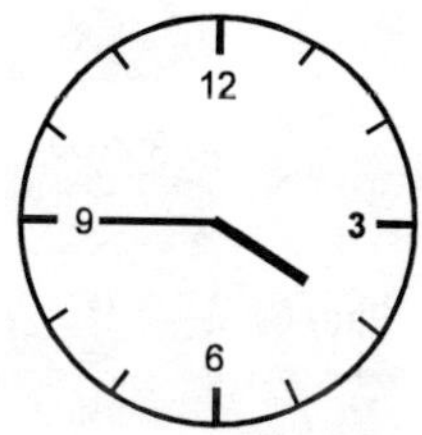

Sono le quattro meno un quarto,
sono le quattro quarantacinque.

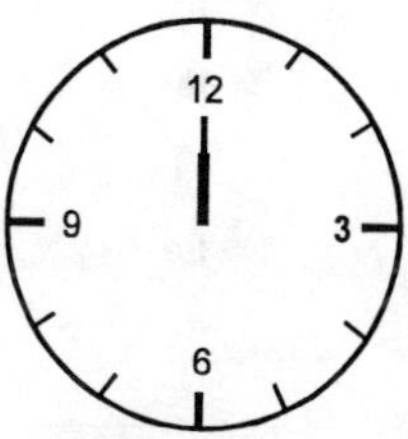

Sono le dodici,
è mezzogiorno,
è mezzanotte.

Sono le nove e venti.

Sono le nove meno venti.

Das Personalpronomen (Il pronome personale)

Das Personalpronomen (persönliches Fürwort) vertritt Personen und Sachen.

Das unbetonte Personalpronomen (Il pronome personale atono)

Nu.	Pers.	Genus	Subjekt	Indirektes Objekt	Direktes Objekt
Sing.	1	mask.		mi	mi
		fem.			
	2	mask.		ti	ti
		fem.			
	3	mask.	**egli, esso**	**gli**	**lo, l'**
		fem.	**ella, essa**	**le**	**la, l'**
	Anrede	mask.		**Le**	**La**
		fem.			
Plur.	1	mask.		**ci**	**ci**
		fem.			
	2	mask.		**vi**	**vi**
		fem.			
	3	mask.	**essi**	**loro**	**li**
		fem.	**esse**	**loro**	**le**
	Anrede	mask.		**Loro (Vi)**	**Li**
		fem.		**Loro (Vi)**	**Le**

Die Subjektpronomen

Egli bzw. **ella** vertreten eine männliche bzw. weibliche Person, die Subjekt ist, **essi** bzw. **esse** mehrere.
Esso bzw. **essa** vertreten eine männliche bzw. weibliche Person oder Sache, die Subjekt ist, **essi** bzw. **esse** mehrere.
Die Subjektpronomen entfallen meist, sie stehen nur zur Hervorhebung.

- *Paolo* e Gianna sono buoni amici. - **Egli/esso** è un mio compagno di scuola.
- *Queste macchine* sono molto care. – (**Esse**) sono le più care che conosco.

Die indirekten Objektpronomen gli, le und loro

Gli bzw. **le** vertreten eine männliche bzw. weibliche Person, die indirektes Objekt ist, **loro** mehrere.

- Scriverò una lettera *a Paolo*. - **Gli** scriverò una lettera.
- Scriverò una lettera *a Gianna*. - **Le** scriverò una lettera.
- Scriverò una lettera *a Gianna e Maria*. - Scriverò **loro** una lettera.

Die direkten Objektpronomen lo, li und la, le

Lo bzw. **la** vertreten eine männliche bzw. weibliche Person oder Sache, die direktes Objekt ist, **li** bzw. **le** mehrere.
Vor Wörtern, die mit Vokal oder -h beginnen, werden **lo** und **la** zu **l'**.

- Ieri ho visto *Paolo*. - **L'(lo)** ho visto ieri.
- Ho scritto *una lettera*. - **L'(la)** ho scritta.
- Ieri ho visto *Paolo e Luigi*. - **Li** ho visti ieri.
- Ho scritto *queste lettere*. - **Le** ho scritte.

Lo kann auch in neutraler Funktion stehen und bezieht sich als solches auf einen vorausgehenden Satzinhalt (es, das).

- Paolo era già andato a casa, ma io non **lo** sapevo.
  (Paolo war schon nach Hause gegangen, aber ich wusste **es** nicht.)

Die Anredepronomen

Ti bzw. **vi** dienen zur Anrede von einer bzw. mehreren Personen, die man duzt (dir, dich, euch).
Le bzw. **Loro** dienen zur höflichen Anrede von einer bzw. mehreren Personen, die indirektes Objekt sind und die man siezt (Ihnen, Sie).
La bzw. **Li** und **Le** dienen zur höflichen Anrede von einer bzw. mehreren männlichen und weiblichen Personen, die direktes Objekt sind und die man siezt (Ihnen, Sie).
Statt des förmlichen **Loro** wird in der Handelskorrespondenz oder bei Personen, die man gut kennt, aber nicht duzt, häufig das weniger förmliche **Vi** verwendet.
Die Anredepronomen der höflichen Anrede werden vorzugsweise großgeschrieben.

- Posso assicurar**ti** che vengo subito.
  (Ich kann **dir** versichern, dass ich sofort komme.)
- Posso assicurar**vi** che vengo subito.
  (Ich kann **euch** versichern, dass ich sofort komme.)
- **Le** è piaciuto il film?
  (Hat **Ihnen** (eine Person) der Film gefallen?)
- Signore, **La** prego di informarmi subito.
  (Mein Herr, bitte informieren **Sie** mich sofort.)
- Signora, **La** prego di informarmi subito.
  (Meine Dame, bitte informieren **Sie** mich sofort.)
- Signori, **Li** prego di informarmi subito.
  (Meine Herren, bitte informieren **Sie** mich sofort.)
- Signore, **Le** prego di informarmi subito.
  (Meine Damen, bitte informieren **Sie** mich sofort.)
- Ho già spiegato **Loro** come stanno le cose.
  (Ich habe **Ihnen** (mehrere Personen) schon erklärt, wie die Dinge stehen.)
- Posso assicurar**Vi** che vengo subito.
  (Ich kann **Ihnen** versichern, dass ich sofort komme.)

Indirekte und direkte unbetonte Objektpronomen treffen aufeinander

Indir. Obj.pron. und Pron. adv.	Direkte Objektpronomen lo	la	li	le	Pron.adv. ne
mi	**me lo**	**me la**	**me li**	**me le**	**me ne**
ti	**te lo**	**te la**	**te li**	**te le**	**te ne**
gli / **le**	**glielo**	**gliela**	**glieli**	**gliele**	**gliene**
ci	**ce lo**	**ce la**	**ce li**	**ce le**	**ce ne**
vi	**ve lo**	**ve la**	**ve li**	**ve le**	**ve ne**
loro	**Loro** ist stets unveränderlich.				

Das betonte Personalpronomen (Il pronome personale tonico)

Nu.	Pers.	Genus	Subjekt	Indirektes Objekt	Direktes Objekt
Sing.	1	mask. / fem.	**io**	**me**	**me**
	2	mask. / fem.	**tu**	**te**	**te**
	3	mask.	**lui**	**lui**	**lui**
		fem.	**lei**	**lei**	**lei**
	Anrede	mask. / fem.	**Lei**	**Lei**	**Lei**
Plur.	1	mask. / fem.	**noi**	**noi**	**noi**
	2	mask. / fem.	**voi**	**voi**	**voi**
	3	mask. / fem.	**loro**	**loro**	**loro**
	Anrede	mask. / fem.	**Loro**	**Loro**	**Loro**

Die Subjektpronomen

Die Subjektpronomen werden meist weggelassen, sie stehen nur zur Hervorhebung.

- **(Io)** ho comprato un libro.
- In casa mia il padrone sono **io**.

Die Objektpronomen

Die betonten Objektpronomen stehen nur zur Hervorhebung oder in den folgenden Fällen, in allen anderen Fällen werden die unbetonten Objektpronomen verwendet.

Die betonten Objektpronomen stehen, wenn ein weiteres Objekt folgt.

- Ho parlato a **lei** e a *suo fratello*.
- Ho spiegato il caso a **lui** e a *sua madre*.

In Sätzen oder Satzteilen ohne konjugiertes Verb.

- Detta **lei** la verità, potremmo andare a casa.

Nach **di, anche** und **neppure.**
Nach **ecco** steht die unbetonte Objektform.

- Hanno parlato *di* **me**.
- *Ecco***ti**.

Im Vergleich stehen die betonten Objektpronomen nach **di**, **come** und **quanto**.

- Paola è più gentile *di* **lui**.
- Non comportarti *come* **lei**.

Die Anredepronomen

Tu, **te** bzw. **voi** dienen zur Anrede von einer bzw. mehreren Personen, die man duzt (du, dich, ihr, euch).
Lei bzw. **Loro** dienen zur höflichen Anrede von einer bzw. mehreren Personen, die man siezt (Sie, Ihnen).
Die Subjektpronomen können weggelassen werden.
Statt des förmlichen **Loro** wird in der Handelskorrespondenz oder bei Personen, die man gut kennt, aber nicht duzt, häufig das weniger förmliche **Voi** verwendet.
Die Anredepronomen der höflichen Anrede werden in der Regel großgeschrieben.

- (**Tu**) devi andare a prenderla.
  (**Du** musst sie abholen.)
- Bambini, vostra madre ha chiamato **voi**.
  (Kinder, eure Mutter hat **euch** gerufen.)
- Potrebbe **(Lei)** aprire la porta per favore?
  (Könnten **Sie** (eine Person) bitte die Tür öffnen?)
- Signore, spero che non abbiano nulla in contrario se andiamo con **Loro**.
  (Meine Damen, ich hoffe, Sie haben nichts dagegen, wenn wir mit **Ihnen** gehen.)
- Signore, spero che non abbiano nulla in contrario se andiamo con **Voi**.
  (Meine Damen, ich hoffe, Sie haben nichts dagegen, wenn wir mit **Ihnen** gehen.)

Die Stellung des Personalpronomens (La posizione del pronome personale)

		indir. Obj.pron.	dir. Obj.pron.	Prädikat		Paolo **me lo** *dice*. Paolo **me l'***ha detto.*
(Modalverb)	Infinitiv	indir. Obj.pron.	dir. Obj.pron.			*Può spiegar(e)***glielo**? Paolo vuole *tradur(re)***lo.**
		indir. Obj.pron.	dir. Obj.pron.	Modalverb	Infinitiv	Paolo **me lo** *può spiegare.*
		Objektpronomen		**lasciare, fare**	Infinitiv	**Lo** *lascia usire.*
	Partizip Perfekt	Objektpronomen				Anna ha letto le lettere *scritte***le** da Maria.
	Gerundio	Objektpronomen				*Lavando***mi** i capelli mi cadde lo shampoo.
		Objektpronomen		**stare**	Gerundio	**Mi** *sto preparando* per l'esame.
(non)	Imperativ (2. P. Sg.)	indir. Obj.pron.	dir. Obj.pron.			*Di***gliela**. *Non mostrar***glielo**.
	non	indir. Obj.pron.	dir. Obj.pron.	Imperativ		*Non* **glielo** *mostrare.*
	(non)	indir. Obj.pron.	dir. Obj.pron.	Imperativ (3. Pers.)		**Me lo** *spieghi.* *Non* **lo** *faccia.*
		ci vi	**ne**	Prädikat		**Ve ne** *do* un po'.

Einsilbige Imperative (**di', fa' da', sta', va'**) verdoppeln den Konsonant des Objektpronomens (außer bei **gli**) (z.B.: **Dimmi**).

	Prädikat	**loro**	Paolo l'*ha dato* **loro**.
(Modalverb)	Infinitiv	**loro**	Paolo *vuole spiegare* **loro** il problema.
lasciare, fare	Infinitiv	**loro**	*Lasciare uscire* **loro**.
(non)	Imperativ	**loro**	*Dica* **loro**. *Non mostrare* **loro**.

Das Reflexiv- und Reziprokpronomen (Il pronome riflessivo e reciproco)

Das Reflexivpronomen (rückbezügliches Fürwort) und das Reziprokpronomen (Fürwort der Gegenseitigkeit) bezieht sich „zurück" auf das Subjekt, d. h. Pronomen und Subjekt bezeichnen dieselbe Person.

Pers./ Gen.	1. Pers. Sing.	2. Pers. Sing.	3. Pers. Sing.	1. Pers. Plur.	2. Pers. Plur.	3. Pers. Plur.
mask. / fem.	**mi**	**ti**	**si**	**ci**	**vi**	**si**
			sé			**sé**

Die Reflexivpronomen stehen bei den reflexiven Verben. Die Reziprokpronomen stehen zum Ausdruck der Gegenseitigkeit und werden nur im Plural verwendet.

- Paolo **si** *lava*.
- **Ci** *conosciamo* da molto tempo.
  (Sie *kennen* **einander** seit langem.)

Das betonte Reflexivpronomen **sé** steht bei Präpositionen und zur Betonung der eigenen Person (selbst).

- Paolo sempre vuole tutto *per* **sé**.
- Ha fiducia in **sé**.
  (Er vertraut auf **sich selbst**.)

Trifft das Reflexivpronomen **si** auf eine der folgenden direkten Objektformen des unbetonten Personalpronomens oder auf das Pronominaladverb **ne**, so ändert sich seine Form wie folgt.

Reflexiv-pronomen	Direkte Objektpronomen				Pron.adv.
	lo	**la**	**li**	**le**	**ne**
si	**se lo**	**se la**	**se li**	**se le**	**se ne**

Das Reflexivpronomen steht vor einem direkten Objektpronomen und dem Pronominaladverb **ne**, jedoch vor den Pronominaladverbien **ci** und **vi.**

- **Se** la compra.
- **Se** *ne* parla.
- Paolo *ci* **si** prepara bene.

Das Possessivpronomen (Il pronome possessivo)

Das Possessivpronomen (besitzanzeigendes Fürwort) drückt ein Besitzverhältnis aus.

Nu.	Pers.	Genus	Singular	Plural
Sing.	1	mask.	**mio**	**miei**
		fem.	**mia**	**mie**
	2	mask.	**tuo**	**tuoi**
		fem.	**tua**	**tue**
	3	mask.	**suo**	**suoi**
		fem.	**sua**	**sue**
	Anrede	mask.	**Suo**	**Suoi**
		fem.	**Sua**	**Sue**
Plur.	1	mask.	**nostro**	**nostri**
		fem.	**nostra**	**nostre**
	2	mask.	**vostro**	**vostri**
		fem.	**vostra**	**vostre**
	3	mask.	**loro**	**loro**
		fem.	**loro**	**loro**
	Anrede	mask.	**Loro (Vostro)**	**Loro (Vostri)**
		fem.	**Loro (Vostra)**	**Loro (Vostre)**

Die Possessivpronomen richten sich in Geschlecht und Zahl nach dem Besitzobjekt und nicht nach dem Besitzer.

- *Paolo e Luigi* dicono: <<È la **nostra** *casa*.>>
- *Anna e Maria* dicono: <<Sono **i nostri** *libri*.>>

Suo, suoi, sua, sue und loro

Suo bzw. **sua** bezeichnen einen Besitzer und ein männliches bzw. weibliches Besitzobjekt,
Suoi bzw. **sue** bezeichnen einen Besitzer und mehrere männliche bzw. weibliche Besitzobjekte,
loro bezeichnet mehrere Besitzer und ein bzw. mehrere Besitzobjekte.

- *Luigi* ha perduto il **suo** *libro.*
  (*Luigi* hat **sein** *Buch* verloren.)
- *Luigi* ha venduto le **sue** *macchine.*
  (*Luigi* hat **seine** *Autos* verkauft.)
- *Luigi e Paolo* hanno perduto il **loro** *libro.*
  (*Luigi und Paolo* haben **ihr** *Buch* verloren.)
- *Luigi e Paolo* hanno venduto le **loro** *macchine.*
  (*Luigi und Paolo* haben **ihre** *Autos* verkauft.)

Das Possessivpronomen mit und ohne den bestimmten Artikel

	Possessivpronomen mit dem bestimmten Artikel	Possessivpronomen ohne Artikel
Verwandtschaftsbezeichnungen	Vor Verwandtschaftsbezeichnungen im Singular, die näher bestimmt sind (zum Beispiel durch ein Adjektiv) oder vor Zärtlichkeitsformen.	Vor Verwandtschaftsbezeichnungen im Singular.
	• **Il nostro** *fratello maggiore* vive in Francia. • **Il mio** *fratellino* è il migliore del mondo.	• **Mio** *fratello* vive con **sua** *moglie* in Francia.
	Vor Verwandtschaftsbezeichnungen im Plural. **Loro** steht immer mit dem bestimmten Artikel.	
	• **I miei** *fratelli* vivono con **le loro** *famiglie* in Francia.	
Mit **essere**		Possessivpronomen, die in Verbindung mit **essere** stehen (gehören).
		• *È* **Suo** questo libro? (**Gehört** dieses Buch Ihnen?)
In Beifügungen		Possessivpronomen, die in Beifügungen stehen.
		• Vorrei presentarVi il dottor Rossi, **mio** *compagno di scuola!*

Das Demonstrativpronomen (Il pronome dimostrativo)

Das Demonstrativpronomen (hinweisendes Fürwort) weist auf bestimmte Personen oder Sachen.

Dem. pron.	Pers.	Genus	Singular	Plural
questo	3	mask.	**questo (quest')**	**questi**
		fem.	**questa (quest')**	**queste**
quello	3	mask.	**quello (quel, quell')**	**quelli (quei, quegli)**
		fem.	**quella (quell')**	**quelle**
ciò				

	questo	quello
Näher liegendes/ Ferner liegendes	**Questo** bzw. **questa** vertreten eine männliche bzw. weibliche Person oder Sache in der Nähe, **questi** und **queste** mehrere (dieser). Vor Vokal werden **questo** und **questa** zu **quest'**.	**Quello** bzw. **quella** vertreten eine männliche bzw. weibliche Person oder Sache in der Ferne, **quelli** und **quelle** mehrere (jener). Ein vorangehendes Substantiv, das nicht ständig wiederholt werden soll, kann durch **quello** wieder aufgenommen werden. Vor Konsonant werden **quello** bzw. **quelli** zu **quel** bzw. **quei**, vor –s + Konsonant und Vokal wird **quelli** zu **quegli**, vor Vokal werden **quello** und **quella** zu **quell'.**
	• Vedi questi libri? Dammi **questo**? • Vedi queste riviste? Dammi **queste**? • Puoi vedere **quest**'*uomo*?	• Vedi questi libri? Dammi **quello**. • Di queste due case **quella** bianca è la più bella. (Di queste due case **la casa bianca** è più bella.) • Puoi darmi **quel** *libro?*

	ciò	
Bezüglich eines Satzinhalts	**Ciò** steht stellvertretend für einen ganzen Satzinhalt (das).	• Curarsi dei bambini e lavorare, **ciò** è difficile.

Das Relativpronomen (Il pronome relativo)

Das Relativpronomen (bezügliches Fürwort) bezieht sich auf ein vorausgehendes Substantiv, das Subjekt, indirektes oder direktes Objekt ist. Es leitet einen Nebensatz, den so genannten Relativsatz ein.

Rel. pron.	Nu.	Pers.	Genus	Subjekt	Indir. Objekt	Dir. Objekt
che	Sing.	3	mask.	**che**	-	**che**
			fem.			
	Plur.	3	mask.			
			fem.			
chi	Sing.	3	mask.	**chi**	**chi**	**chi**
			fem.			
	Plur.	3	mask.			
			fem.			
cui	Sing.	3	mask.	-	**cui**	-
			fem.			
	Plur.	3	mask.			
			fem.			
il quale	Sing.	3	mask.	**il quale**	**al quale**	**il quale**
			fem.	**la quale**	**alla quale**	**la quale**
	Plur.	3	mask.	**i quali**	**ai quali**	**i quali**
			fem.	**le quali**	**alle quali**	**le quali**
quello che	Sing.	3	mask.	**quello che**	-	**quello che**
			fem.	**quella che**	-	**quella che**
	Plur.	3	mask.	**quelli che**	-	**quelli che**
			fem.	**quelle che**	-	**quelle che**
che cosa						
ciò che						
dove						
quando						

Bei Präpositionen wird der Artikel von **il quale** mit der Präposition zusammengezogen.

Bezüglich Personen oder Sachen

che	chi
Che bezieht sich auf eine oder mehrere (vorausgehende) Personen und Sachen, die Subjekt oder direktes Objekt sind.	**Chi** vertritt eine oder mehrere Personen, die Subjekt, direktes oder indirektes Objekt sind und steht ohne vorausgehendes Substantiv.
• *La donna* **che** ha dimenticato la sua macchina. • Ho dimenticato *i libri* **che** ho messo sul tavolo.	• **Chi** cerca il pericolo, perirà in esso. • Esco con **chi** mi pare.

cui	il quale	quello che
Cui bezieht sich auf eine oder mehrere (vorausgehende) Personen, Sachen, die indirektes Objekt sind. Es steht meist nach Präpositionen.	**Il quale** bezieht sich auf (vorausgehende) Personen, Sachen, die Subjekt, indirektes oder direktes Objekt sind. Es steht besonders zur Verdeutlichung wer, was gemeint ist (statt **che**).	**Quello che** bezieht sich auf bestimmte Personen oder Sachen, die Subjekt oder direktes Objekt sind. Es kann mit und ohne folgendes Substantiv stehen.
• *Il presidente*, la figlia *di* **cui** ha avuto un incidente, è arrivato. • Ecco *il direttore per* **cui** lavoro da 10 anni.	• *La sorella* di Paolo, **la quale**/(che) parte stasera, è qui. • La sorella di *Paolo*, **il quale**/(che) parte stasera, sta arrivando.	• **Quello che** ho visto ieri era tuo padre. • **Quelle** *signore* **che** ho visto ieri erano tue zie.

Bezüglich eines ganzen Satzinhalts

quello che	ciò che
Quello che bezieht sich auf einen vorangehenden Satzinhalt (was). In der Umgangssprache steht häufig **che cosa**.	**Ciò che** bezieht sich auf einen vorangehenden Satzinhalt (was).
• Io so **quello che** ho visto. • Io so **che cosa** ho visto.	• Io so **ciò che** ho visto. • Paolo sapeva **ciò che** l'aspettava.

Zur Bezeichnung des Ortes/der Zeit

dove	quando	che
Dove steht, neben **in cui, nel quale**, zur Bezeichnung des Ortes.	**Quando** steht zur Bezeichnung der Zeit.	**Che** steht zur Bezeichnung der Zeit statt **in cui, nel quale.**
• Ecco l'università **dove** ho studiato 5 anni.	• Il giorno **quando** è arrivato mio padre fu un giorno di gioia.	• Il giorno **che** è arrivato mio padre fu un giorno di gioia.

Das Interrogativpronomen (Il pronome interrogativo)

Das Interrogativpronomen (Fragefürwort) leitet Fragesätze ein und fragt nach Personen oder Sachen, die Subjekt, indirektes oder direktes Objekt sind.

Int. Pron.	Nu.	Pers.	Genus	Subjekt	Indir. Objekt	Dir. Objekt
chi	Sing.	3	mask.	**chi**	**chi**	**chi**
			fem.			
	Plur.	3	mask.			
			fem.			
che	Sing.	3	mask.	**che**	**che**	**che**
			fem.			
	Plur.	3	mask.			
			fem.			
quale	Sing.	3	mask.	**quale**	**quale**	**quale**
			fem.			
	Plur.	3	mask.	**quali**	**quali**	**quali**
			fem.			
quanto	Sing.	3	mask.	**quanto**	**quanto**	**quanto**
			fem.	**quanta**	**quanta**	**quanta**
	Plur.	3	mask.	**quanti**	**quanti**	**quanti**
			fem.	**quante**	**quante**	**quante**
(che) cosa						
quando						
come						
dove						

	chi	quale
In Fragen nach beliebigen/bestimmten Personen, Sachen	**Chi** fragt nach einer oder mehreren beliebigen Personen, die Subjekt, indirektes oder direktes Objekt sind. Es steht nicht in Verbindung mit einem Substantiv.	**Quale** fragt nach Personen oder Sachen aus einer bestimmten Anzahl. Es steht mit und ohne Substantiv. Vor männlichen Substantiven im Singular, die mit Konsonant bzw. Vokal beginnen, wird es oft zu **qual** bzw. **qual'** verkürzt.
	• **Chi** è? • **Chi** ha invitato alla sua festa? • **A chi** l'hai detto? • **Di chi** è il libro?	• **Quale** *dei due ragazzi* che giocano nel giardino è tuo figlio? • **Quali** *delle ragazze* che giocano nel giardino sono tue figlie?

	che	che cosa	come
In Fragen nach der Eigenschaft/ einer beliebigen Sache	**Che** fragt nach der Eigenschaft, Art und Weise von einer oder mehreren Personen oder Sachen. Es steht in Verbindung mit einem Substantiv.	**Che cosa** fragt nach einer beliebigen Sache. Es kann nicht mit einem Substantiv stehen. In der Umgangssprache wird statt **che cosa** häufig **cosa** verwendet.	**Como** fragt nach der Art und Weise (wie).
	• **Che** *persona* hai incontrato alla stazione? (**Was für eine** *Person* hast du am Bahnhof getroffen?) • **Che** *libri* hai comprato?	• **Che cosa** hai visto? (**Was** hast du gesehen?) • **Cosa** hai visto?	• **Come** si può risolvere questo problema?

	quanto	
In Fragen nach der Anzahl, Menge	**Quanto** fragt nach der Anzahl (folgender) Personen oder Sachen. Die neutrale Form **quanto** fragt nach der Menge, ist unveränderlich und steht ohne Substantiv.	• **Quante** *persone* hai incontrato in città? • **Quanti** *libri* di quest'autore hai letto? • Può dirmi **quanto** costa questo libro?

	quando	dove	che
In Fragen nach der Zeit/ dem Ort	**Quando** fragt nach der Zeit.	**Dove** fragt nach dem Ort. **Dove + è** wird zu **dov'è**.	In Fragen nach der Uhrzeit.
	• **Quando** hai incontrato mia madre?	• **Dov'è** la mia chiave?	• **Che ore** sono? - Sono le tre.

Die Indefinitpronomen (I pronomi indefiniti)

Die Indefinitpronomen (unbestimmte Fürwörter) bezeichnen unbestimmte Personen und Sachen.

Qualcuno, qualcheduno und qualcosa, qualche cosa

	qualcuno, qualcheduno	qualcosa, qualche cosa
Unbestimmte Person/Sache	**Qualcuno, qualcheduno** bzw. **qualcuna, qualcheduna** bezeichnen eine männliche bzw. weibliche unbestimmte Person ((irgend)jemand).	**Qualcosa, qualche cosa** bezeichnen eine unbestimmte Sache ((irgend)etwas). Es ist kein Femininum und steht nur im Singular. Vor Adjektiven steht **di**.
	• **Qualcuno** vuole parlare con Paolo. • Stamattina, ho visto **qualcuna** delle vicine passare.	• Vuole leggere **qualcosa**? • È successo **qualcosa** *di terribile.*

Nessuno und niente, nulla

	nessuno	niente, nulla
Unbestimmte Person/Sache	**Nessuno** bzw. **nessuna** bezeichnen eine männliche bzw. weibliche unbestimmte Person, Sache (niemand, keiner). Steht **nessuno** hinter dem Verb, so tritt **non** vor das Verb, **non** entfällt, wenn **nessuno** vor das Verb tritt.	**Niente, nulla** bezeichnen eine unbestimmte Sache (nichts) und sind unveränderlich. Stehen **niente, nulla** hinter dem Verb, so muss **non** vor das Verb treten, **non** entfällt, wenn **niente, nulla** vor das Verb treten. Vor Adjektiven steht **di**.
	• *Non* c'*è* **nessuno** in strada. • **Nessuno** *disse* niente. • Non ho **nessun'***idea* a questo proposito.	• *Non riesco* a vedere **niente/nulla** • **Niente/nulla** *è successo.* • Non ho visto **nient'***altro*/**null'***altro.* • Non è **niente/nulla** *di terribile.*
	Im fragenden Satz und nach **senza** und **non mai** hat es positive Bedeutung (jemand, jeder, irgendeiner).	Im fragenden Satz, nach **senza** und **non mai** haben **niente** und **nulla** positive Bedeutung (etwas).
	• Hai **nessun'**osservazione da fare? • Le ha creduto *senza* **nessun** dubbio.	• Hai bisogno di **niente**? • Hai bisogno di **nulla**?

Pronomen	Nu.	Pers.	Genus	Vor Konsonant	s + Kon., gn, pn, ps, x, z	Vor Vokal
nessuno	Sing.	3	mask.	**nessun**	**nessuno**	**nessun**
			fem.	**nessuna**	**nessuna**	**nessun'**
niente, nulla	Sing.	3	mask.	**niente, nulla**	**niente, nulla**	**nient', null'**
			fem.	**niente, nulla**	**niente, nulla**	**nient', null'**

Alcuno und qualche

	alcuno	qualche
Unbestimmte Personen oder Sachen	**Alcuno** bzw. **alcuna** bezeichnen eine männliche bzw. weibliche unbestimmte Person oder Sache, **alcuni** bzw. **alcune** mehrere (jemand bzw. einige).	**Qualche** bezeichnet eine unbestimmte Person, Sache (irgendein) oder eine unbestimmte Menge (einige, etwas). Es ist unveränderlich und steht nur mit Substantiven im Singular.
	• **Alcuni** hanno superato l'esame. • Ho letto **alcuni** *libri* di quest'autore.	• Ho consultato **qualche** *dottore.* (Ich habe **irgendeinen** *Arzt* aufgesucht.) • È rimasto **qualche** *giorno.* (Er ist **einige** *Tage* geblieben.) • Ha **qualche** *esperienza.* (**Er hat etwas** *Erfahrung.*)
	In fragenden und verneinten Sätzen hat es negative Bedeutung (niemand). Nach **senza** behält es die ursprüngliche, positive Bedeutung (jemand).	Es steht nicht in Verbindung mit **non** oder **senza**. Dies gilt auch für die Zusammensetzungen mit **qualche.**
	• *Non* c'è **alcuna** persona cui possa rivolgermi. • Ho fatto tutto *senza* che **alcuno** mi abbia aiutato.	

Nu.	Pers.	Genus	Vor Konsonant	s + Konsonant, z, gn, pn, ps, x	Vor Vokal
Sing.	3	mask.	**alcun**	**alcuno**	**alcun**
		fem.	**alcuna**	**alcuna**	**alcun'**
Plur.	3	mask.	**alcuni**	**alcuni**	**alcuni**
		fem.	**alcune**	**alcune**	**alcune**

Ogni, ognuno und ciascuno, ciascheduno

	ogni	ognuno	ciascuno, ciascheduno
Jede beliebige Person oder Sache	**Ogni** bezeichnet jede beliebige Person oder Sache (jeder (beliebige)). Es ist unveränderlich und steht mit einem Substantiv im Singular.	**Ognuno** bezeichnet jede Person ohne Ausnahme (jeder). Es ist unveränderlich und steht mit einem Verb im Singular.	**Ciasc(hed)uno** bzw. **ciasc(hed)una** bezeichnen jede männliche bzw. weibliche Person oder Sache ohne Ausnahme (jeder).
	• **Ogni** *studente* ha la sua propria camera. • Ho visto **ogni** macchina.	• **Ognuno** *ha* la sua propria camera. • **Ognuno** *ha* i suoi difetti.	• **Ciascun** ha la sua propria camera. • **Ciascun'***alunna* ha ricevuto un libro.

Nu.	Pers.	Genus	Vor Konsonant	s + Konsonant, **z, gn, pn, ps, x**	Vor Vokal
Sing.	3	mask.	**ciasc(hed)un**	**ciasc(hed)uno**	**ciasc(hed)un**
		fem.	**ciasc(hed)una**	**ciasc(hed)una**	**ciasc(hed)un'**

Uno

	uno	
Unbestimmte, beliebige Person	**Uno** bezeichnet eine beliebige Person (einer, jemand, jeder) oder eine unbestimmte Person (man). In der Bedeutung *man* steht es nur im Singular und ist unveränderlich.	• **Una** di loro mi ha domandato se vieni. (**Eine** von ihnen hat mich gefragt, ob du kommst.) • **Uno** può ottenere tutto se lavora. (**Man** kann alles erreichen, wenn man arbeitet.)

Altro und altri

	altro	altri
„Andere" Personen oder Sachen	**Altro** bzw. **altra** bezeichnen eine „andere" männliche bzw. weibliche Person oder Sache, **altri** bzw. **altre** mehrere (anderer). Es kann mit dem unbestimmten bzw. bestimmten Artikel stehen (ein anderer bzw. der andere).	**Altri** bezeichnet „andere" Personen (andere(r)) und ist unveränderlich.

altro	altri
• Non aspettare gli **altri.** • Ho comprato *l'***altra** *macchina.* • Dammi *un* **altro** *libro.*	• Paola, e non **altri,** mi ha fatto visita. (Paola und keine ***andere*** hat mich besucht.)

Pers.	Genus	Singular	Plural
3	mask.	**(l', un) altro**	**(gli) altri**
	fem.	**(l', un') altra**	**(le) altre**

Tutto

	tutto	
„Alle" Personen oder Sachen; Gesamtheit	**Tutti** bzw. **tutte** bezeichnen „alle" männlichen bzw. weiblichen Personen, Sachen ohne Ausnahme (alle). **Tutto** bzw. **tutta** bezeichnen die Gesamtheit und beziehen sich auf männliche bzw. weibliche Substantive (ganz, alles). Vor Substantiven steht es mit dem bestimmten Artikel, vor Relativsätzen mit einem Demonstrativpronomen. Das neutrale **tutto** bezeichnet ein Ganzes und ist unveränderlich (alles).	• Venite **tutti** qui. • **Tutti** *gli uomini* sono uguali. • **Tutto** *il paese* si prende gioco di questo ministro. • **Tutti** *quelli che* lo conoscono lo amano. • **Tutto** è in ordine.

Pers.	Genus	Singular	Plural
3	mask.	**tutto**	**tutti**
	fem.	**tutta**	**tutte**

Molto, tanto und poco

	molto	tanto	poco
„Viele"/ „wenige" Personen oder Sachen	**Molti** bzw. **molte** bezeichnen „viele" männliche bzw. weibliche Personen oder Sachen (viele).	**Tanti** bzw. **tante** bezeichnen „so viele" männliche bzw. weibliche Personen oder Sachen (so viele).	**Pochi** bzw. **poche** bezeichnen „wenige" männliche bzw. weibliche Personen oder Sachen (wenige).

	molto	tanto	poco
Unbestimmte Menge	**Molto** bzw. **molta** bezeichnen eine unbestimmte Menge und beziehen sich auf männliche bzw. weibliche Substantive (viel).	**Tanto** bzw. **tanta** bezeichnen eine unbestimmte Menge und beziehen sich auf männliche bzw. weibliche Substantive (so viel).	**Poco** bzw. **poca** bezeichnen eine unbestimmte Menge und beziehen sich auf männliche bzw. weibliche Substantive (wenig).
	• **Molti** lo sanno. • È caduta **molta** *pioggia.* • È successo **molto** nel frattempo.	• **Tanti** lo sanno. • È caduta **tanta** *pioggia.* • È successo **tanto** nel frattempo!	• **Pochi** lo sanno. • È caduta **poca** *pioggia.* • È successo **poco** nel frattempo.

Nu.	Pers.	Genus	molto	tanto	poco
Sing.	3	mask.	**molto**	**tanto**	**poco**
		fem.	**molta**	**tanta**	**poca**
Plur.	3	mask.	**molti**	**tanti**	**pochi**
		fem.	**molte**	**tante**	**poche**

Troppo und parecchio

	troppo	parecchio
„Zu viele"/ „ziemlich viele" Personen, Sachen	**Troppi** bzw. **troppe** bezeichnen „zu viele" männliche bzw. weibliche Personen oder Sachen (zu viele). **Troppo** bzw. **troppa** bezeichnen eine unbestimmte Menge und beziehen sich auf männliche bzw. weibliche Substantive (zu viel).	**Parecchi** bzw. **parecchie** bezeichnen „ziemlich viele" männliche bzw. weibliche Personen, Sachen (ziemlich viele). **Parecchio** bzw. **parecchia** bezeichnen eine unbestimmte Menge und beziehen sich auf männliche bzw. weibliche Substantive (ziemlich viel).
	• **Troppi** lo sanno. • È caduta **troppa** *pioggia.* • È successo **troppo** nel frattempo.	• **Parecchi** lo sanno. • È caduta **parecchia** *pioggia.* • È successo **parecchio** nel frattempo.

Nu.	Pers.	Genus	troppo	parecchio
Sing.	3	mask.	**troppo**	**parecchio**
		fem.	**troppa**	**parecchia**
Plur.	3	mask.	**troppi**	**parecchi**
		fem.	**troppe**	**parecchie**

Die Pronominaladverbien **ne, ci und vi** (Gli avverbi pronominali **ne, ci** und **vi**)

Die Pronominaladverbien **ne, ci** und **vi** sind eigentlich Ortsadverbien, d. h. sie stehen stellvertretend für eine Ortsbestimmung. Sie können jedoch auch in den folgenden Funktionen verwendet werden.

	ne	ci	vi
Stellvertretend für Ortsangaben	Stellvertretend für Ortsangaben mit **da** und **di**.	Stellvertretend für Ortsangaben mit **a, da, in** und **su**.	Stellvertretend für Ortsangaben mit **a, da, in** und **su**.
	• Vengo *da casa.* - Io **ne** vengo. (Ich komme *von zu Hause.* Ich komme **von dort**.)	• Vado *a Roma.* - **Ci** vado. (Ich gehe *nach Rom.* - Ich gehe **dorthin**.)	• Vado *a Roma.* - **Vi** vado. (Ich gehe *nach Rom.* - Ich gehe **dorthin**.)
Stellvertretend für Personen, Sachen	Es steht in übertragenem Sinn stellvertretend für Personen und Sachen und ersetzt Ergänzungen mit **da** und **di.**	Es steht in übertragenem Sinn nur für Sachen und ersetzt Ergänzungen mit **a, da, in, su**.	Es steht in übertragenem Sinn nur für Sachen und ersetzt Ergänzungen mit **a, da, in, su**.
	• Abbiamo parlato *di questo libro.* **Ne** abbiamo parlato. (Wir haben von diesem Buch gesprochen. Wir haben **davon** gesprochen.) • Abbiamo parlato *di Paolo e Luigi.* **Ne** abbiamo parlato.	• Penso sempre *alle vacanze.* - **Ci** penso sempre. (Ich denke immer an die Ferien. - Ich denke immer **daran**.)	• Penso sempre *alle vacanze.* - **Vi** penso sempre. (Ich denke immer an die Ferien. - Ich denke immer **daran**.)

Die Präposition (La preposizione)

Mit der Präposition (Verhältniswort) werden bestimmte Verhältnisse und Beziehungen gekennzeichnet. Nicht jede Präposition kann mit jedem beliebigen Wort verwendet werden. Häufig ändert die Präposition die Bedeutung eines Wortes.

Präposition	Räumlich	Zeitlich	Übertragen
a(d)	an, auf, bei, in, nach, zu	um (Zeitpunkt), bis	an, auf, für, in, mit, zu, je, pro
accanto a	an, bei, neben		
avanti	vor	vor	
con			durch, mit
contro	an, gegen		auf, an, gegen, vor
da	aus, bei, von, zu	ab, seit, von ... an	als, durch, mit, nach, von, zu
davanti a	vor		
dentro (di)	in(nen, drin), innerhalb	innerhalb	
di	von, aus	an, bei, in, während	an, auf, aus, bei, für, mit, von, vor, zu
dietro (di)	hinter, nach	nach	auf, bei, gegen, gemäß, nach
dirimpetto a	gegenüber		
dopo (di)	nach, hinter	nach	
durante		während	
fino (a)	an, bis, nach, zu	bis	
fino da		ab, seit, von ... an	
fra (di)	zwischen, unter	in(nerhalb)	unter, zwischen
(al di) fuori (di)	außer(halb), aus ... heraus		
in	an, auf, in, nach, zu	in(nerhalb)	an, auf, bei, in, zu
intorno a	um (... herum)	gegen, um	

Präposition	Räumlich	Zeitlich	Übertragen
invece di			(an)statt, an Stelle
oltre	jenseits		außer, über
a partire da	von ... an, ab	von ... an, ab	
per	durch, nach, über	(für ...) lang, während	aus, durch, für, wegen
presso (di)	(nahe) bei, zu		bei, in
prima di		vor	
senza (di)			ohne
sopra (di)	auf, über, oberhalb		über, mehr als
al di sopra di	über, oberhalb		über
sotto (di)	unter, unterhalb	während	unter
al di sotto di	unter(halb)		unter
su	auf, über	gegen, um	(hin)auf, über
tra (di)	unter, zwischen	in(nerhalb)	unter, zwischen
verso (di)	auf ... zu, nach	gegen, um	gegen(über), zu
vicino a	nahe bei, neben		

Es ist zu beachten, dass **a, da**, **di, in** und **su** mit dem Artikel verschmolzen werden.

Der Satz (La proposizione)

Die folgende Aufstellung zeigt die wichtigsten Satzarten und deren Wortstellung im Überblick.

Der bejahte Aussagesatz (La proposizione enunciativa affermativa)

Im Aussagesatz wird ein Sachverhalt mitgeteilt bzw. behauptet. Generell gilt folgende Wortstellung:

Subjekt(pronomen) (S)	**Prädikat (P)**	**Objekt (O)**
• **Maria**	**scrive**	**una lettera.**
• **(Ella)**	**ha scritto**	**una lettera.**

In Aussagesätzen mit einem direkten und einem indirekten Objekt steht das direkte Objekt (meist eine Sache) in der Regel vor dem indirekten Objekt mit **a** (meist eine Person).

Subjekt	Prädikat	**direktes Objekt**	**indirektes Objekt**
• Maria	scrive	**una lettera**	**a suo padre.**

Das indirekte Objekt tritt vor das direkte Objekt, wenn sie durch Pronomen vertreten werden oder wenn das direkte Objekt länger ist als das indirekte.

Subjekt	Prädikat	**indirektes Objekt**	**direktes Objekt**
• Maria	scrive	**a suo padre**	**una lettera di 50 pagine.**

Subjekt(pronomen)	**indir. Obj. pron.**	**dir. Obj. pron.**	Prädikat
• Paolo	**me**	**lo**	dice.

Der verneinte Aussagesatz (La proposizione enunciativa negativa)

Im verneinten Aussagesatz wird ein Sachverhalt verneint. Die Verneinung wird am häufigsten durch **non** (nicht) ausgedrückt, das grundsätzlich vor dem Prädikat steht.

Subjekt(pron.)	**non**	Prädikat	Objekt
• Maria	**non**	compra	un libro.
• (Ella)	**non**	ha comprato	un libro.

Ist das Objekt ein Pronomen, so steht **non** vor dem Objektpronomen, das Prädikat folgt.

Subjekt	**non**	Objektpronomen	Prädikat
• Maria	**non**	lo	compra.
• Maria	**non**	l'	ha comprato.

Der Fragesatz (La proposizione interrogativa)

Im Fragesatz wird eine Frage formuliert.

Bei der Intonationsfrage geht die Satzmelodie am Satzende nach oben. Sie wird in der gesprochenen Sprache häufig verwendet.

Subjekt(pronomen)	**Prädikat**	**adverbiale Bestimmung**
• Paolo	**è**	**in giardino?**

Bei der Inversionsfrage tritt das Subjekt(pronomen) hinter das Verb.

Prädikat	**Subjekt(pronomen)**
• È venuta	**tua zia?**

Fragen mit Fragewort enthalten ein Interrogativpronomen oder Fragewort, das in der Regel am Satzanfang steht. Das Subjekt(pronomen) tritt hinter das Prädikat.

Fragewort	**Prädikat**	**Subjekt(pronomen)**
• Quando	**partirai**	**(tu)?**
• Che	**ha detto**	**Maria?**

A

Adjektiv (aggettivo)
bezeichnet eine Eigenschaft; *Eigenschafts-, Wiewort*

Adjektiv, attributives (aggettivo attributivo)
Adjektiv, das beim Substantiv steht

Adjektiv, prädikatives (aggettivo predicativo)
Adjektiv, das mit dem Substantiv durch ein Verb verbunden ist

Adverb (avverbio)
bezeichnet die Art und Weise, den Ort oder die Zeit, die Menge, den Grad, die Intensität; *Umstandswort*

Adverb, abgeleitetes (avverbio derivato)
von einem Adjektiv abgeleitetes Adverb, das im Italienischen auf **-mente** endet

Adverb, ursprüngliches (avverbio semplice)
Adverb ohne besondere Form

Aktiv (attivo)
Handlung, die vom Subjekt durchgeführt wird; *Tatform, Tätigkeitsform*

Antonym (antonimo)
Wort, welches das Gegenteil ausdrückt; *Gegen(satz)wort*

Artikel (articolo)
Begleiter des Substantivs, der das Geschlecht des Substantivs angibt; *Geschlechtswort*

Artikel, bestimmter (articolo determinativo)
der, die, das bzw. **il, la**

Artikel, unbestimmter (articolo indeterminativo)
ein, eine bzw. **un, una**

Aussagesatz (proposizione enunciativa)
Satz, in dem ein Sachverhalt behauptet oder mitgeteilt wird

B

Bedingungssatz
→ Konditionalsatz

Befehlsform
→ Imperativ

Bestimmung, adverbiale (complemento)
Zeit-, Ortsangaben, Angaben der Art und Weise, des Grundes und der Ursache; *Umstandsbestimmung*

Bindewort
→ Konjunktion

D

Demonstrativpronomen (pronome dimostrativo)
weist auf eine bestimmte Person oder Sache hin; *hinweisendes Fürwort*

Dingwort
→ Substantiv

E

Eigenschaftswort
→ Adjektiv

Eigenname (nome proprio)
Substantive, die Sachen und Personen bezeichnen, die einmalig sind

Einzahl
→ Singular

Ergänzung, prädikative (complemento predicativo)
Adjektiv oder Substantiv, das sich auf das Subjekt oder Objekt bezieht

F

Feminin(um) (femminile)
das weibliche der drei Genera

Frage, direkte (proposizione interrogativa diretta)
Frage in der direkten Rede

Frage, indirekte (proposizione interrogativa indiretta)
Frage in der indirekten Rede

Fragefürwort
→ Interrogativpronomen

Fragesatz (proposizione interrogativa)
Satz, in dem eine Frage formuliert wird

Fragewort (pronome interrogativo)
Wort, mit dem eine Frage eingeleitet wird

Fürwort
→ Pronomen

Futur I
Zeitform zur Bezeichnung der Zukunft; *unvollendete Zukunft*

Futur II
Zeitform, die ausdrückt, dass zu einem Zeitpunkt in der Zukunft eine Handlung abgeschlossen sein wird; *vollendete Zukunft*

Futuro Anteriore
Zeitform zur Bezeichnung von Vorgängen, die an einem Zeitpunkt der Zukunft abgeschlossen sein werden

Futuro Semplice
Zeitform zur Bezeichnung von Vorgängen, die von der Gegenwart aus gesehen in der Zukunft liegen

G

Gegenwart
→ Präsens

Gegenwart, vollendete
→ Perfekt

Gegen(satz)wort
→ Antonym

Genus (Plural: **Genera**) (genere)
das grammatische Geschlecht eines Substantivs, Artikels, Adjektivs oder Pronomens; *Geschlecht*

Gerundio
Verbform, die an Stelle eines Nebensatzes steht

Geschlecht
→ Genus

Geschlechtswort
→ Artikel

Gliedsatz
→ Nebensatz

Grundform
→ Infinitiv

Grundstufe
→ Positiv

Grundzahl
eins, zwei, drei etc.

H

Hauptsatz (proposizione principale)
übergeordneter Teilsatz in einem Satzgefüge, der alleine stehen kann

Hauptwort
→ Substantiv

Hilfsverb (verbo ausiliare)
Verb, das zur Bildung der zusammengesetzten Zeiten und des Passivs gebraucht wird

I

Imperativ (imperativo)
Verbform, die eine Aufforderung, einen Befehl ausdrückt; *Befehlsform*

Imperfekt
→ Präteritum

Imperfetto
Zeitform, die einen im Verlauf befindlichen Vorgang der Vergangenheit bezeichnet

Indefinitpronomen (pronome indefinito)
Pronomen, das eine unbestimmte Person oder Sache bezeichnet; *unbestimmtes Fürwort*

Indikativ (indicativo)
Verbform, die einen Zustand, Vorgang als tatsächlich, wirklich darstellt; *Wirklichkeitsform*

Indirekte Rede (discorso indiretto)
Aussagen einer Person A werden durch eine Person B an eine dritte Person C weitergegeben

Infinitiv (infinito)
nicht konjugierte Verbform; *Grund-, Nennform*

Interrogativpronomen (pronome interrogativo)
Pronomen, das Fragesätze einleitet; *Fragefürwort*

Intonationsfrage
Frage, in der die Satzmelodie am Satzende nach oben geht

Inversionsfrage
Frage, bei der das Subjekt hinter das Prädikat tritt

K

Komparativ (comparativo)
die Steigerungsform eines Adjektivs oder Adverbs, die den ungleichen, höheren Grad ausdrückt

Konditionalsatz (proposizione condizionale)
Nebensatz, der eine Voraussetzung, Bedingung ausdrückt; *Bedingungssatz*

Konjugation (coniugazione)
Abwandlung der Grundform von Verben bezüglich Person, Zeit und Modus; *Beugung*

Konjunktion (congiunzione)
Wort, das zur Verbindung von Haupt- und Nebensätzen dient; *Bindewort*

Konjunktiv (congiuntivo)
Verbform, die einen Vorgang als nicht wirklich darstellt; *Möglichkeitsform*

Konsonant (consonante)
Laut (Buchstabe), für dessen Aussprache noch ein anderer Laut benötigt wird, also alle außer den Vokalen; *Mitlaut*

L

Leideform
→ Passiv

M

Maskulin(um) (maschile)
das männliche, der drei Genera

Mehrzahl
→ Plural

Mitlaut
→ Konsonant

Modalverb (verbo modale)
Verb, das mit dem Infinitiv eines anderen Verbs verbunden ist (**potere, sapere, volere, dovere**)

Modus (modo)
Aussageweise. Zu den Modi zählen Indikativ, Konjunktiv, Konditional und Imperativ

Möglichkeitsform
→ Konjunktiv

N

Nebensatz (proposizione subordinata)
untergeordneter Teilsatz in einem Satzgefüge, der nicht alleine stehen kann; *Gliedsatz*

Nennform
→ Infinitiv

Nennwort
→ Substantiv

Nomen
→ Substantiv

Numerus (numero)
Singular oder Plural eines Verbs oder Substantivs; *(An)Zahl*

O

Objekt, direktes (complemento diretto)
Satzglied, das im Italienischen ohne Präposition an das Verb angeschlossen wird

Objekt, indirektes (complemento indiretto)
Satzglied, das im Italienischen mit einer Präposition, meist **a, di, da** an das Verb angeschlossen wird

Objekt, präpositionales (complemento prepositivo)
Objekt mit einer Präposition

Ordnungszahl
der erste, der zweite, der dritte etc.

P

Participio presente
Verbform, die in der Funktion eines Adjektivs steht

Participio passato
Verbform, die zur Bildung der zusammengesetzten Zeiten und des Passivs dient und die in der Funktion eines Adjektivs oder Nebensatzes steht

Partizip Präsens
Partizip, das im Deutschen an der Endung *-end (z. B. gehend, sitzend*) zu erkennen ist

Partizip Perfekt
abgewandelte Form des Vollverbs, das zur Bildung der zusammengesetzten Zeiten benötigt wird *(z. B. gegangen, gesessen*

Passato prossimo
Zeitform zur Bezeichnung eines Vorgangs der Vergangenheit, dessen Folgen für die Gegenwart noch von Bedeutung sind

Passato remoto
Zeitform, die völlig abgeschlossene Vorgänge der Vergangenheit bezeichnet

Passiv (passivo)
im Passiv wird eine Handlung nicht selbst vom Subjekt ausgeführt; *Leideform*

Perfekt
Zeitform, die den Vollzug, Abschluss eines Vorgangs ausdrückt; *Vorgegenwart, vollendete Gegenwart*

Personalpronomen (pronome personale)
Pronomen, das eine Person bezeichnet; *persönliches Fürwort*

Plural (plurale)
Mehrzahl

Plusquamperfekt
Zeitform zur Bezeichnung eines Vorgangs der Vergangenheit, der beendet war, bevor ein anderer einsetzte; *Vorvergangenheit*

Positiv (positivo)
Vergleichsform des Adjektivs oder Adverbs zum Ausdruck des gleichen Grades; *Grundstufe*

Possessivpronomen (pronome possessivo)
Pronomen, das ein Besitzverhältnis bezeichnet; *besitzanzeigendes Fürwort*

Prädikat (predicato)
Verb des Satzes. Es kann aus dem Vollverb oder aus dem Hilfsverb und Vollverb bestehen; *Satzaussage*

Präfix (prefisso)
Vorsilbe

Präposition (preposizione)
bezeichnet die Beziehung, das Verhältnis zwischen Wörtern; *Verhältniswort*

Präsens
Zeitform, die den Ablauf eines Vorgangs in der Gegenwart ausdrückt; *Gegenwart*

Präteritum
Zeitform, die ausdrückt, dass ein Vorgang abgeschlossen, beendet ist; *1. Vergangenheit*

Presente
Zeitform, die die Gegenwart bezeichnet

Pronomen (pronome)
Begleiter oder Stellvertreter des Substantivs; *Fürwort*

Pronominaladverb (avverbio pronominale)
vertreten eine Fügung aus Präposition und Substantiv oder Pronomen. Hierzu gehören im Italienischen **ci, vi, ne**; *Umstandsfürwort*

R

Reflexivpronomen (pronome riflessivo)
Pronomen, das dieselbe Person wie das Subjekt bezeichnet; *rückbezügliches Fürwort*

Relativpronomen (pronome relativo)
Pronomen, das sich auf ein vorausgehendes Substantiv bezieht; *bezügliches Fürwort*

Relativsatz (proposizione relativa)
Nebensatz, der durch ein Relativpronomen eingeleitet wird

Reziprokpronomen (pronome reciproco)
Pronomen, das die Gegenseitigkeit, Wechselseitigkeit ausdrückt

S

Satzaussage
→ Prädikat

Satzgefüge (periodo)
Satz, der aus mindestens einem Hauptsatz und einem Nebensatz besteht

Sein-Passiv
→ Zustandspassiv

Selbstlaut
→ Vokal

Singular (singolare)
Einzahl

Subjekt (soggetto)
Satzglied, das eine Handlung ausführt

Substantiv (nome, sostantivo)
Wort, das ein Lebewesen, eine Pflanze oder einen Gegenstand bezeichnet; *Nomen, Nenn-, Ding-, Hauptwort*

Suffix (suffisso)
Nachsilbe

Superlativ (superlativo)
Steigerungsform des Adjektivs oder Adverbs, die den höchsten Grad ausdrückt

Synonym (sinonimo)
(annähernde) Bedeutungsgleichheit von Wörtern

Syntax (sintassi)
(Lehre vom) Satzbau

T

Tatform
→ Aktiv

Tätigkeitsform
→ Aktiv

Tätigkeitswort
→ Verb

Teilungsartikel (articolo partitivo)
bezeichnet eine unbestimmte Menge, den Teil von etwas Vorhandenem

Tempus (Plural: **Tempora**) (tempo)
Zeit(form)

Trapassato Prossimo
Zeitform zur Bezeichnung eines Vorgangs der Vergangenheit, der beendet war, bevor ein anderer einsetzte

Trapassato Remoto
Zeitform zur Bezeichnung eines Vorgangs der Vergangenheit, der beendet war, bevor ein anderer einsetzte

Tunwort
→ Verb

U

Umlaut
ä, ö, ü

Umstandsbestimmung
→ Bestimmung, adverbiale

Umstandswort
→ Adverb

V

Verb (verbo)
bezeichnet einen Zustand oder Vorgang, eine Tätigkeit oder Handlung; *Zeitwort, Tätigkeitswort, Tunwort*

Verb, intransitives (verbo intransitivo)
Verb ohne Objektergänzung

Verb, reflexives (verbo riflessivo)
Verb mit einem Reflexivpronomen

Verb, reziprokes (verbo reciproco)
Verb, dessen Pronomen ein wechselseitiges Verhältnis angibt

Verb, transitives (verbo transitivo)
Verb mit einem Objekt

Verb, unpersönliches (verbo impersonale)
Verb, das nur in der 3. Person Singular verwendet werden kann

Vergangenheit
→ Präteritum

Verhältniswort
→ Präposition

Vokal (vocale)
Laut (Buchstabe), für dessen Aussprache kein anderer Laut benötigt wird *(a, e, i, o u); Selbstlaut*

Vollverb (verbo)
Verb, das das Prädikat alleine bilden kann

Vorgangspassiv
Passiv, das eine Handlung, einen Vorgang ausdrückt und im Deutschen mit *werden* gebildet wird; *werden-Passiv*

Vorgegenwart
→ Perfekt

Vorvergangenheit
→ Plusquamperfekt

W

Werden-Passiv
→ Vorgangspassiv

Wiewort
→ Adjektiv

Wirklichkeitsform
→ Indikativ

Z

Zeit, einfache (tempo semplice)
ohne Hilfsverb gebildete Zeit

Zeit, zusammengesetzte (tempo composto)
mit einem Hilfsverb gebildete Zeit

Zeitwort
→ Verb

Zukunft, unvollendete
→ Futur I

Zukunft, vollendete
→ Futur II

Zustandspassiv
→ Passiv, das einen Zustand ausdrückt und im Deutschen mit *sein* gebildet wird; *sein-Passiv*

INDEX

Produktinformation

Neben der **Neuen Italienischen Grammatik *Kompakt*** sind die folgenden Sprachen verfügbar:

Neue Englische Grammatik *Kompakt*
Neue Französische Grammatik *Kompakt*
Neue Spanische Grammatik *Kompakt*

Das Verlagsprogramm **Neue Sprachen** umfasst des weiteren die folgenden Titel:

Titel	Umfang	ISBN	DM
Neue Englische Grammatik	421 Seiten	3-9803483-2-6	49,90
Neue Französische Grammatik	512 Seiten	3-9803483-1-8	49,90
Neue Spanische Grammatik	408 Seiten	3-9803483-3-4	49,90
Neue Italienische Grammatik	509 Seiten	3-9803483-4-2	49,90
Neue Englische Grammatik Grundlagen	240 Seiten	3-931104-79-6	28,90
Neue Französische Grammatik Grundlagen	240 Seiten	3-931104-80-X	28,90
Neue Spanische Grammatik Grundlagen	224 Seiten	3-931104-81-8	28,90
Neue Italienische Grammatik Grundlagen	240 Seiten	3-931104-82-6	28,90
Die Französische Konjugation	256 Seiten	3-931104-70-2	19,80
Die Spanische Konjugation	256 Seiten	3-931104-71-0	19,80
Die Italienische Konjugation	256 Seiten	3-931104-72-9	19,80
Die Französische Konjugation Kompakt	96 Seiten	3-931104-73-7	7,80
Die Spanische Konjugation Kompakt	95 Seiten	3-931104-74-5	7,80
Die Italienische Konjugation Kompakt	96 Seiten	3-931104-75-3	7,80
Neue Englische Übungsgrammatik	224 Seiten	3-931104-88-5	28,90
Neue Englische Übungsgrammatik Lösungsheft	126 Seiten	3-931104-94-X	12,80
master trainer Französisch Konjugation – Diskette		3-931104-16-8	55,--
master trainer Französisch Konjugation – CD-Rom		3-931104-17-6	55,--
master trainer Spanisch Konjugation – Diskette		3-931104-34-6	55,--
master trainer Spanisch Konjugation – CD-Rom		3-931104-35-4	55,--
master trainer Italienisch Konjugation – Diskette		3-931104-52-4	55,--
master trainer Italienisch Konjugation – CD-Rom		3-931104-53-2	55,--

Ausführliche Informationen befinden sich im dnf-Verlagsverzeichnis. Fragen Sie in Ihrer Buchhandlung oder direkt bei: **dnf-Verlag**
Ulmer Str. 123
73037 Göppingen
Tel.: 07161/68 98 0 Fax: 68 77 2